足球

有什么好看的

谭逸雄 编著
张晨雅 绘

人民邮电出版社

北京

图书在版编目（CIP）数据

足球有什么好看的 / 谭逸雄编著 ；张晨雅绘. --
北京 ：人民邮电出版社，2022.12（2024.5重印）
ISBN 978-7-115-60183-4

Ⅰ．①足… Ⅱ．①谭… ②张… Ⅲ．①足球运动—通
俗读物 Ⅳ．①G843-49

中国版本图书馆CIP数据核字(2022)第187579号

免责声明

内 容 提 要

足球的世界火热而丰富，你可能很难一下子了解到足球的全貌，本书将为你打开足球世界的
大门，以可爱的画风和风趣的文字带你一起领略足球的魅力！本书首先讲解了足球的起源与发展，
然后进一步讲解赛事与规则的演变，介绍了知名球队、球星和教练，让读者真正了解到足球的魅
力。本书还介绍了足球比赛的常见战略与战术、分享了对经典赛事的分析，帮助读者进入资深球
迷的行列，进而可以带着专业的眼光观看和欣赏足球比赛。最后，本书讲解了足球周边等延伸文
化，涉及球衣、足球鞋以及与足球相关的音乐和影视作品等。本书采用彩色漫画式风格讲解内容，
不仅知识全面，还轻松易读，适合青少年以及热爱足球运动的人士阅读。

◆ 编　　著　谭逸雄
　　绘　　　　张晨雅
　　责任编辑　林振英
　　责任印制　马振武

◆ 人民邮电出版社出版发行　　北京市丰台区成寿寺路 11 号
　　邮编　100164　　电子邮件　315@ptpress.com.cn
　　网址　https://www.ptpress.com.cn
　　涿州市般润文化传播有限公司印刷

◆ 开本：700×1000　1/16
　　印张：18.75　　　　　　2022 年 12 月第 1 版
　　字数：372 千字　　　　2024 年 5 月河北第 3 次印刷

定价：99.00 元

读者服务热线：(010)81055296　印装质量热线：(010)81055316
反盗版热线：(010)81055315
广告经营许可证：京东市监广登字 20170147 号

前　言

　　如何让观众快速了解足球运动，从业多年来这个问题一直萦绕在我心中。短视频时代遍布着几分钟看完一部电影的"快餐"文化，但现代足球历经百年发展，其故事远不止场上 90 分钟发生的事情。恰逢卡塔尔世界杯前夕，有了参与撰写本书文字内容的机会，经过简单的沟通，与出版社的小伙伴们一拍即合，决定一起打造一本可以帮助大家轻松了解足球运动的读物，于是这本书诞生了。

　　本书以图文并茂、生动活泼的漫画形式向读者介绍足球发展历史中有趣的故事，著名球星、主教练、规则及战略与战术等，内容轻松易懂、应有尽有。本着供读者闲暇之余翻看的科普原则，本书减去了繁文缛节，用最轻松的方式讲解足球这项运动且为方便理解，书中提到的俱乐部的标志多采用了广为人知的版本（即有些俱乐部的标志是非最新的）。值得一提的是，书中的数据经过严格考证，俱乐部冠军次数等相关数据的统计 [a] 截止到 2022 年 2 月，且球员（只统计退役球员）的参赛和进球的相关数据则多数取自欧洲权威统计机构——纪录·体育·足球数据基金会（Rec.Sport.Soccer Statistics Foundation, RSSSF）。

　　文字内容成稿后与编辑及画师反复沟通、交流，为呈现出良好的观感并还原史实，他们的投入精力丝毫不亚于写稿。借此机会也感谢大家在完成这本书过程中的努力与付出。我们共同的小目标是：即便从未看球，翻开本书，您能就此喜欢上足球。

---

[a]　更改过名称的赛事的相关数据统计则贯穿了赛事的整个历程，未做不同时期的区分。

目　录

足球的起源与发展

足 球 趣 味 科 普

起源：蹴鞠与莎士比亚

文艺复兴时代的大文豪与遥远东方大陆上的一项民间娱乐活动——蹴鞠竟有关系？而连接他们的就是足球的起源。

跟我有啥关系？

中国山东省淄博市的临淄区是足球运动的发源地。

2004 年第三届中国国际足球博览会在北京举行，时任国际足联主席布拉特在博览会期间正式宣布：
中国山东省淄博市的临淄区是足球运动的发源地。

山东省
淄博市
2004
临淄区

起源于中国战国时期的娱乐活动——蹴鞠（早期也被称作踏鞠），
与现代足球之间在形式上有一定的差别，比如蹴鞠的龙门架设在半空。

Hi

Hi

但从追着球踢这一点来看，蹴鞠毫无疑问是足球这项运动的起源。

我国最早关于蹴鞠的记载在战国时期，经过两汉三国的发展，

蹴鞠从一项民间娱乐项目演变成具有表演性的节目、

具有竞技性的比赛和操练士兵的训练，前二者是不是有点眼熟？

没错，它们是花式足球表演与竞技足球的起源。

早在1000多年前，我国就把这项运动玩透了。

蹴鞠真正兴盛是在唐宋时期，

这离不开国家的昌盛、稳定。

大唐盛世万国来朝，

很难说蹴鞠究竟是不是在这个时候被某位东罗马

的使节间接传入了中世纪的欧洲。

不过如果是这样的话，拜占庭人将会比盎撒人更

早接触足球，英国人显然不赞同这种说法，

关于足球的起源他们有着一套自己的理论。

我不这么认为。

有人认为古埃及人的球类娱乐活动，
经由古罗马传入了英国。
不过如果仅仅是玩球，
当时世界各地的人都在玩，
但没有像蹴鞠那样发展成一项有规则、
成体系、有竞技性且兼具娱乐与强身健体
功能的运动。

莎士比亚为我们还原了当时足球在欧洲普及的画风。
伊丽莎白一世时期，这项娱乐活动在臣民之间相当受欢迎。
过去因其粗暴以及原始的形式，踢球被禁止了几百年，
到了伊丽莎白一世这一时期，人们对踢球的欲望集中爆发。

这一时期的足球运动并不具备现代足球的普适性、艺术性，
很难将其视为足球的起源。
不过，现代足球的确起源于英国，
时间的指针拨回到 19 世纪。

贵族运动

蹴鞠在大唐的盛世下得以迅速发展，足球在工业革命期间在英国得以迅速发展。

在精神文明建设上，英国将足球当作支柱。

流行于维多利亚时期的强身派认为，锻炼身体对品德的修养大有裨益。

足球就此成了最能展示男子气概的运动，

在英国公学中逐渐流行起来，

从一项平民的消遣娱乐变为贵族运动。

锻炼身体对品德的修养大有裨益。

现代足球在走向全世界之前是属于少部分人的运动。

与老百姓之间流传的粗暴踢球方式不同，
贵族子弟们的踢球方式因场地和各学校条件不同，
衍生出了不同的风格。
例如威斯敏斯特公学的回廊与拉格比公学的开阔地，
前者空间狭小因此适合个人盘带过人的踢球方式，
后者场地开阔适合球员相互嬉闹的踢球方式。

以上踢球方式存在一个共同点，
即参与的学生都恪守底线，遵守规则，尽量保持风度。

要保持风度哦！

不过，英国绅士早期对足球运动的理解与
"优雅"二字可毫不沾边。他们崇尚骑士精神，
对传球、防守等嗤之以鼻，认为持球后的唯一目的就是往前冲，
用盘带与对方来一次堂堂正正的"决斗"，除了敏锐地捕捉对方球员的弱点，
用 1 对 1 的成功突破来打败对方外，其他的策略都算作歪脑筋。
这一点倒是与现代橄榄球很相似，时至今日我们仍然可以
在现代英格兰足球中看到类似的"英式思维"。

精英化为足球带来了蓬勃发展的机会，随着学生愈发地痴迷于这项运动，各校之间通过足球进行的友好交流变得越来越频繁，统一规则是当务之急。《剑桥规则》是由剑桥学生马尔登牵头，联合公立和私立学校的代表编写出版的足球规则，一经问世便吸引了各地的足球运动爱好者，英格兰足球总会（以下简称英足总）随之诞生。秩序为这项运动修筑了堡垒。

要有组织有纪律！

干吗挡我？！

RULES OF FOOTBALL

设立规则为足球运动日后发展成一项全民参与的运动打下了基础。

大众化与职业化发展

在工业时代的英国，工人的业余时间有所减少，他们在工厂不断重复机械式枯燥无味的劳动，因此需要一项娱乐活动，让他们既能在短时间内快速释放内心压抑许久的情绪，又能实现自我价值。

想自由……

在那个年代，足球比赛的观众人数虽然无法与现代相比，
但如果表现出色，便会给邻里与慕名前来的权贵留下深刻印象。
当然，还有一个最重要的原因，
为入夜后的喝酒狂欢找一个理由，足球——无疑是最完美的选择。

贵族子弟们制定了规则，1863 年创立了英足总，组建了俱乐部。

足球并不是"笼中鸟"，
许多以工厂为单位的工人球队迅速加入这一项运动。
当地的平民对工人球队显然更有归属感。

我也要玩！
我也要玩！

看球的观众越来越多，
甚至会有因经济萧条工厂无法负担球队
远赴客场的旅费，邻里发起众筹支持球队继续比赛的情况。
这在英剧《足球英杰》（*The English Game*）中有过体现。
这一形式可以说是会员制俱乐部的雏形，虽然该剧有艺术加工的成分，
但的确较为真实地反映了足球走向普罗大众的开端。

我不要为爱发电，
我要领薪水！

一项运动的大众化，
必然伴随着职业化，单凭贵族
无法支撑日益扩张的赛事与球队。
在 19 世纪 70 年代末，
足球职业化史上出现了一位重要的人——
弗格斯·苏特，
他被认为是世界上第一位领薪水的
职业球员。

金钱是对足球
的玷污！

在此之前，
所有足球活动都是业余的，
法律规定足球运动员不能领薪水，而观
众看比赛也是免费的。
贵族子弟认为拿钱踢球是对这项运动的
玷污，极其不绅士。

快拿走！

谢谢老板～

当时一支工人球队（达温队）标新立异，
私底下给来自格拉斯哥的苏特开工资，
苏特只在工厂挂名无须上班，
唯一的工作就是比赛。
达温队甚至还开创了"打赏"机制，
让观看比赛的观众自愿掏钱，
将街头卖艺的形式用在足球比赛中。

英格兰足球实现职业化没花多长时间，

各大足球俱乐部纷纷宣布职业化，

1888年世界上最早的职业联赛——英格兰足球联赛成立。

这个里程碑式的突破给世界各地足球职业化提供了模板。

意甲　　　　西甲　　　　德甲

让我们学习
学习~

虽然各个国家和地区因经济发展与文化差异

在这条道路上的发展速度不一，

但是职业化和商业化始终是足球比赛的终极形态，

迈出第一步的英格兰日后建立起了一座足球商业帝国。

实况转播
普及世界

在 1927 年 1 月 22 日，英国听众就已经可以从收音机里听到实况转播的足球赛事，播音员维克拉姆在海布里球场播报了阿森纳队对阵谢菲尔德联队的比赛。这是有记载以来第一场足球比赛直播，足球的传播发展从此与广播电视业密不可分。

怎么样，进球了没？

观看足球的人数在不断上升，
球场内的站席早已无法满足观众日益增长的观赛需求，
于是出现了世界杯等大型赛事的现场直播。在各种背景下，
"人在家中坐，比赛千里来"成为一种刚需。

BBC（英国广播公司）与英国的阿森纳队在策划了第一次广播直播的十年后，
1937 年他们又再次联手进行了第一次电视直播。

说好了十年后我们依然在一起~

BBC SPORT

Arsenal

之后英格兰足总杯决赛等大型赛事进行电视转播成为常态，
尽管当时电视机显示的画面并不清晰、可观看的节目种类极少
且价钱昂贵，但还是有不少人愿意为其掏腰包。
除了想观看英国女王的加冕仪式外，老百姓还想观看体育赛事。

我真的很需要这个
贵东西看球赛。

电视机技术的进步大幅推动了足球赛事走进家家户户，
等到了 1966 年英格兰世界杯，有近 50 个国家和地区转播了决赛"英德大战"，
光英国就有 3200 万名电视观众，甚至超过了整个英国人口的一半。

当年周末在现场观看联赛的球迷不到 80 万人，
而电视观众达到了 2000 万人以上，付费电视节目成了维系职业联赛运营的
重要方式，"为赛事买电视"是当时的主流。

怎么要付费啊？

付付付，
给给给。

从 1970 年墨西哥世界杯跨入彩色电视直播时代到 1978 年我国第一次转播世界杯比赛（阿根廷世界杯），足球已经通过小小的电视机走向全世界，我国最早的一批球迷正是诞生于那个年代。

拥有庞大受众的足球推动了转播技术的进步：
球门后的大摇臂、稳定器、天空中的"飞猫"摄像机、
未来可能呈现的 VR（虚拟现实）设备等，
无数奇思妙想都有在足球转播上实现的可能。

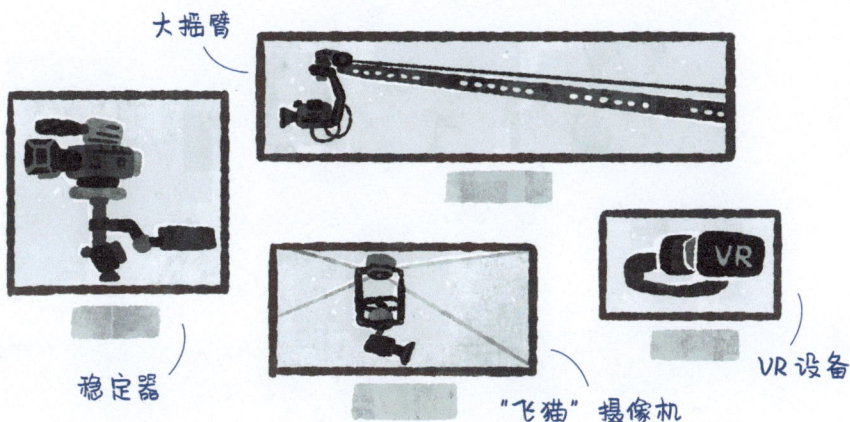

大摇臂

稳定器

"飞猫"摄像机

VR 设备

虽然传播载体不断更新，
但如今网络赛事直播仍基于传统电视直播的形式，
如何吸引新生代观众将会是未来重要的课题。

足球不止世界杯：学会区分赛事

足 球 趣 味 科 普

何为杯赛

要想成为一名球迷，首先要了解的是令人眼花缭乱的各大赛事，很多赛事名称之间就一字之差，如欧冠与欧联、世俱杯与世界杯等。我们经常会看到一支球队出现于各种赛事中，那么要如何区分这些赛事呢？

欧冠　世俱杯　？？　世界杯　亚洲杯

欧联　亚冠

联赛与杯赛是足球比赛的两大形式，
它们既可以独立存在，
也可以结合在一起成为第三种形式，
在这种情况下杯赛形式会占主导地位。
接下来首先为大家介绍杯赛。

CUP

杯赛最显著的特征是拥有残酷的淘汰制，
以一定的标准从各处选拔出队伍，
而后两两对决，胜者晋级败者退场，
最后留下来的那位就是冠军。
这是一种古老的竞技模式，
其起源可追溯到罗马斗兽场时代。

正因如此，杯赛的吸引力远超联赛，
世界上闻名遐迩的足球赛事大多是杯赛，
如世界杯、欧洲杯、美洲杯、南美解放者杯、英格兰足总杯、欧冠等。

世界上历史最悠久的杯赛——英格兰足总杯，
仍保留着杯赛传统的淘汰制，并且参赛队伍达 700 支以上，
上达顶级联赛球队下至业余球队。正因如此，
英格兰足总杯又被称为冷门的温床，以弱胜强的情况比比皆是。

世界杯、欧洲杯、欧冠等赛事不断演变，
结合了杯赛的淘汰制与联赛的积分制，
采用较为科学的小组赛积分制，确保进入淘汰赛的球队实力更强，
用一道道筛选机制优中选优，进一步增加了淘汰赛的观赏性。

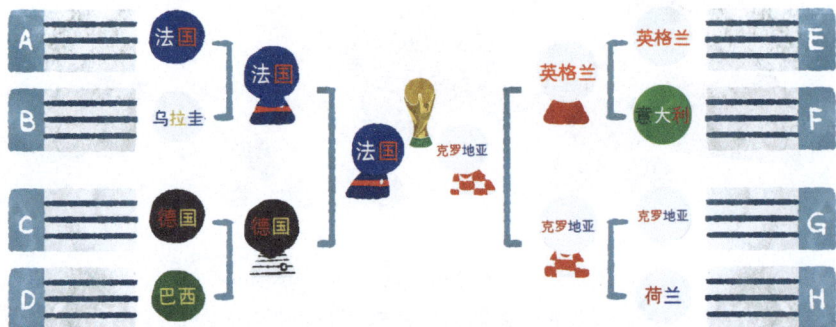

此外，还可以通过奖杯样式区分杯赛。
若冠军奖杯呈杯子状，那么赛事大概率就是杯赛。
相传古希腊竞技比赛最终的获胜者将会得到赏赐的美酒，
盛酒的精致酒杯被当作奖赏的象征流传至今。
所以如果看到夺冠球队用奖杯喝酒，请不要感到意外。

世界杯

正如提到篮球首先想到 NBA（美国职业篮球联赛），提到美式橄榄球第一反应是"超级碗"，毋庸置疑，世界杯是足球比赛最耀眼的一张名片。不同于前二者以及大多数高度商业化的竞技运动，世界杯是现代竞技体育所有元素的集合，是体育伴随着人类历史发展的集大成之作，甚至可以说足球只是它的一种体现形式，是世界杯铸就了足球世界第一运动的宝座。

1930 年，第一届世界杯在乌拉圭举办，
创立人是于勒·雷米特，
世界杯的初代奖杯便是以他的名字命名。

以现代视角回顾过去，
当时的历史背景为世界杯诞生提供了条件。
在运动员全面职业化的大背景下，
当时的奥运会却拒绝职业运动员参与比赛，
这让职业球员无法参加奥运会的足球比赛，
导致奥运会足球比赛的观赏性大打折扣。

算了算了！我们快去准备世界杯比赛吧！

NO!

直到 1980 年国际奥委会才接纳足球职业运动员。

在这之前世界杯为足球职业运动员参赛开了绿灯，

用高水平的比赛吸引了全球观众，这也是世界杯成功的秘诀之一。

世界杯像是和平年代没有硝烟的战争，球员们身披着带有

国家标志的战袍，代表着国家荣誉。

乌拉圭　巴西　阿根廷　英格兰　洪都拉斯　阿尔瓦多

1950　1986　1970

曾 5 夺世界杯冠军的巴西享誉着"足球王国"的美称，

初代奖杯"雷米特金杯"被他们永远珍藏，

可惜随后发生了盗窃事件使得真品不翼而飞，

现躺在巴西足协大楼的是复制品。

这是真的吗？

复制品啦。

德国与意大利是除了巴西之外夺冠次数最多的国家，
他们都是 4 次，自从奖杯成为"大力神杯"后，
他们与巴西一样都还差 1 次便能永久收藏奖杯。
2 次夺冠的国家有法国、阿根廷和乌拉圭，
现代足球发源地英格兰只夺冠过 1 次。

1958
1962 巴西
1970 1994 2002

1954 德国 2014
1974 1990

1934 意大利 2006
1938 1982

1998 2018
法国

阿根廷
1978 1986

1930 乌拉圭 1950

1966
英格兰

2010

西班牙则是在 2010 年
才成为新晋冠军。

夺得世界杯冠军的国家会在球队衣服上绣上一颗星星，

巴西夺冠 5 次，也被称为 5 星巴西。

只有夺得世界杯冠军的球队才能称得上是真正的豪门球队，

这是足球界的共识，

当然，"无冕之王"荷兰除外。

欧洲杯

足球盛会世界杯每四年才举办一届，这个空窗期太长了，欧洲杯正是在这样的背景下诞生的。

欧洲杯是在欧洲区域内进行的杯赛，第一届欧洲杯原名为"欧洲国家杯"，1960年在法国举办。

世界杯结束了好无聊啊……

看那边是什么？

西班牙 德国 意大利 ！

UEFA 60 法国

相比世界足球蓬勃发展的速度，欧洲杯成立的时间较晚。

实际上，举办欧洲杯这个想法早在 1927 年就由亨利·德劳内提出，

灵感很可能来自另一项洲际大赛——美洲杯，

第一届美洲杯于 1916 年在阿根廷举办，

是历史悠久的洲级足球赛事。

可惜欧洲诸国对新事物的态度极为保守，

甚至在 1960 年英格兰拒绝参加欧洲杯，

德劳内没能亲眼见证这项赛事。

在他去世后，人们用其名字为欧洲杯奖杯命名，以示纪念。

英格兰

在我国欧洲杯还有另一个名字——欧洲足球锦标赛，
简称欧锦赛，实际上这是更正规的叫法。
其英文名"UEFA European Football Championship"中
没有"cup"。称其为欧洲杯，是为了将其与世界杯、
亚洲杯、美洲杯归入同一类别，即由国家队参与的杯赛。

虽然我没有"cup"，
但我们都是一家的~

多样的欧洲文化为这项赛事铺上多姿多彩的底色，
南欧与北欧、东欧与西欧等不同地区、国家之间的足球交流，
最大限度地还原了各个地区和国家的社会风貌。
并且由于足球起源于欧洲，这片土壤在较为系统的环境下
进化出了大不相同却同样先进的足球理念，
使这项赛事富有观赏性与娱乐性，保持了极高水准的竞技性。

由于参赛球队水平差距较小，欧洲杯历史上冷门频发：

2016 年全国人口只有 33 万的北欧岛国——冰岛爆冷击败英格兰，

2004 年希腊缔造了"希腊神话"夺冠，

1992 年原本连参赛资格都没有的丹麦最终获得了冠军，

1976 年捷克在世界杯冠军西德、

强大的荷兰以及东道主南斯拉夫围堵中杀出重围夺冠。

2004

希腊

捷克

冰岛

丹麦

1976

2016（进入八强）   1992

在冠军榜单上，

老牌劲旅们仍然占据大多数席位，

西班牙与德国以 3 次冠军名列前茅，

意大利与法国在 21 世纪后也加入了 2 星行列，

苏联、荷兰和葡萄牙各获一次冠军。

1964 西班牙 2012
1972
2008
1996
德国
1980
1984 法国 2000

意大利
1960 苏联 CCCP
1988 荷兰
葡萄牙
1968 2021
2016

21 世纪的今天，欧洲经济的高度发展折射到足球界，
随着运动科学在体育界广泛应用，南美洲足球对比欧洲足球日渐式微，
像贝利、马拉多纳等本土培养的超级球星日渐稀少，
很多当代南美球员从小被送往欧洲进行训练。
2018 年俄罗斯世界杯最后 4 强全部来自欧洲，被戏称"小欧洲杯"。
现实在不断讲述着欧洲足球的强大，欧洲杯或许正在挑战世界杯！

法国　比利时　FIFA WORLD CUP RUSSIA 2018　英格兰　克罗地亚

欧冠

若要问上哪看一年一度的足球盛宴，
非欧冠莫属。世界杯与欧洲杯都是四年一届，
且都属于国家队参与的赛事，
欧冠与其最大的区别是参与球队均为欧洲俱乐部，
云集了全世界优秀的球员和教练，
没有国籍限制，是足坛高水准的赛事。

在看欧冠。

世界杯和欧洲杯
还没开始，咋还
在看球？

欧冠全名为"欧洲冠军联赛"，
但不要被"联赛"二字所迷惑，
欧冠的本质还是杯赛，以淘汰制决出最终的冠军。
其前身就是"欧洲冠军俱乐部杯"，
来自欧洲各个联赛顶尖的俱乐部队伍经过 8 个月的漫长赛程，
最终决出俱乐部之王。

像不像两只耳朵，
所以又叫大耳朵杯。

欧冠的成立时间与欧洲杯相差无几，
都诞生于百废待兴的年代。那时以西班牙皇家
马德里俱乐部（以下简称皇马）为首的各国球队共襄盛举，
向欧洲足球协会联盟（以下简称欧足联）表达办赛请求。
这个构想起初源自 1948 年的南美冠军杯（于 1975 年更名为美洲杯），
欧洲人也想拥有一项全欧洲范围的锦标赛。

欧冠一开始只是各俱乐部自行发起的提案，
欧足联起初的想法是组建另外一项以城市为代表的杯赛，
以促进各国城市友好交流。
但是各个城市的足球水平实力不一，
伦敦的顶级球队就有好几支，
以城市为单位选拔代表使得比赛失去了竞技性。

1955 年，欧冠的价值已不容忽视，
欧足联只好将其纳入旗下管理并放弃了"城市杯"的想法，
就这样欧冠与欧洲杯一同成为欧足联的两大王牌赛事。

都是我的宝!

皇马在欧冠中一共捧起大耳朵杯 13 次，

在这条赛道冠绝群雄。

自 1955 年起的前 5 年，

皇马五连冠令人拍案叫绝，至今仍无人能复刻。

1992 年欧冠进行了改制，

从"欧冠杯"变为了"欧冠联赛"。

在此之前参加欧冠的球队是来自各国联赛的冠军队，

可有些出自小联赛的球队实力较差，在欧冠中毫无竞争力。

改制使得大部分出自小联赛的球队从欧冠中消失，

出自大联赛的球队拥有更多参赛名额，夺冠的难度系数增加。

你 4 个名额，你 2 个名额，都听我的，按照我的规定来。

皇马再次成为改制之后首支卫冕欧冠的球队，他们包揽了2016—2018年三座冠军奖杯。

请问你上次夺冠是什么时候？

上次夺冠还是上次的时候。

欧冠的含金量很高，以夺冠次数论英雄乃是足坛铁律，7次夺冠的AC米兰虽衰败已久，但伴随着意大利足球复兴有卷土重来之势。

由大亨们重金砸出来的新贵们，如英格兰的曼城、法国的巴黎圣日耳曼仍在苦苦追寻，希望登顶欧洲之巅。

加油 加油

何为联赛

联赛是各国绝大多数体育竞技项目的基本赛事，也是各球队常参与的赛事，就像职场人士需要打卡上班，定期完成任务，年终总结一样。

下班咯。

联赛通常为期 8 个月左右，
正常情况下非大赛年，冬季与夏季有歇赛期，
就像寒暑假。在欧洲普遍采取跨年度赛季制，
从当年 8 月至次年 5 月底，
而冬季较为寒冷的国家采取年度制，
时间为 4 月到 11 月，
这也是为什么会有例如 2021/22 赛季和 2021
赛季两种不同的说法。

联赛一般安排在周末的下午和晚上，
这是一周中最惬意的时光。
每周末基本都是比赛日，
但有时会因球员被国家队赛事征召而休赛。

下班回家
看球咯！

上班踢
比赛咯！

不同于杯赛，联赛采用的是积分制，
失败与成功都只是暂时的，
只有尽可能地在每一场比赛中都做到最好
才能成为最终的冠军。
单场踢 90 分钟，胜积 3 分，
平积 1 分，负积 0 分，
比完固定轮次后按总分排名。
积分制使得每个队都能参与到整个赛季的
所有比赛。

欧洲冠军联赛 2021-2022

A组		场次	胜	平	负	净胜球	积分
1	曼城	5	4	0	1	9	12
2	巴黎圣日耳曼	5	2	2	1	2	8
3	莱比锡红牛	5	1	1	3	0	4
4	布鲁日	5	1	1	3	-11	4

更多 ❯

有了明确的排名后，
各球队不再只是为了夺得冠军而战。
联赛最终大多数排名都有实际意义：
冠军捧杯笑傲江湖，
紧随其后的几名获得洲际杯赛资格的奖
励，排名倒数的球队则受到惩罚，
取消参赛资格去到次级联赛。
联赛再从次级联赛选拔球队作为补充，
以此保证联赛水平不会下降。

如此一来，便催生了宏观的战略思维：
实力强劲的球队自然以争冠为目标，
而中游球队则争取拿到次要奖励。
不同实力的球队对待比赛的态度有所不同，
对待弱队重拳出击，对待强队保平即可。
下游球队要想保级，往往只有剑走偏锋才能以弱胜强。

不能吊车尾……
吊车尾就被踢出去了……

我们一定要
夺冠！

我们保四争三！

相比杯赛，联赛更讲究大局观，一招出错满盘皆输的
惊险在联赛中并不存在，得失会累积到最后。
在联赛中夺冠需要球员全方位发展，在各方面都是最优秀的，
黑马想要爆冷夺冠异常艰难，冠军一定是人中龙凤。

呜呜呜……
这次踢得好差……

没事没事，后面
还有7个月的比
赛呢。

足坛顶尖的联赛莫过于欧洲五大联赛：
英超、意甲、西甲、德甲、法甲。各大联赛都有独特的风格，
自成一派，从某种程度上代表了一个民族的性格，
可谓百花齐放。想成为一名资深球迷，挑一个联赛关注是第一步。

想要什么样儿的？
我这里应有尽有！

金元英超

英超全名"英格兰足球超级联赛"。

嗷呜~
我是英超!

英超的前身是英格兰足球甲级联赛（以下简称英甲）

是历史悠久的英格兰职业联赛，

1888 年由 12 支来自英格兰中部和北部地区的球队共同创办，底蕴深厚。

英甲联赛由于历史悠久，英格兰足坛俨然一副大家长的形象，

循规蹈矩不喜新鲜事物，就连欧冠成立初年，英足总也拒绝参赛。

NO

一起玩呀……

1985 年至 1989 年，

两场震惊世界的球迷骚乱

差点毁掉了英格兰职业足球，

"海瑟尔惨案"与"希尔斯堡惨案"

共导致 135 人丧生。

年久失修的球场、落后的基础设施与寻衅滋事的球迷……

英格兰职业联盟已无法解决这些问题。

为了摆脱窘境，由阿森纳、曼联、热刺、埃弗顿、利物浦等五个足球俱乐部牵头，

于 1992 年创立全新的英超，由新成立的英超公司管理，

老英甲的球队全部加入英超，英格兰职业足球从此迈入崭新的时代。

我们要摆脱困境，
创立一个新的联赛。

英超是一个极其商业化的联赛，

俱乐部老板们效仿美国 NFL（职业橄榄球大联盟）的模式，

修缮球场，提供美味的食物，甚至将厕所翻新，

卖出天价转播权与场边广告位，增加电视转播曝光度，

增加转播机位，制作专业节目，贩卖周边产品等，

最终目的都是让消费者为英超这个品牌买单。

英超从第一个赛季便大获成功。

TV

修好点，增加
转播机位。

卖周边产品。

厕所修好一点，
弄干净点。

一定要提供
食物、饮料。

老英甲时代，利物浦队是绝对的英格兰王者，
他们以 18 座奖杯遥遥领先，而进入英超时代后，
利物浦队直到 2020 年才拿到第一个英超冠军。

曼联队一共拿下 13 个英超冠军，
至今仍是世界上非常具有商业价值的足球俱乐部。

哈哈！新时代，
我才是王者！

充斥着钞票的英超也吸引了无数巨富驻足。
俄罗斯寡头阿布拉莫维奇 2003 年收购切尔西队开启蓝色王朝，
同时掀起了金元狂潮，阿联酋阿布扎比财团 2008 年入主曼城队，
以举国之力经营球队，不求盈利只为讨个美名。
2021 年收购纽卡斯尔的沙特财团更夸张，
其资产比其他 19 支球队加起来还要多……

最不缺的就是钱啦。

英超如今是非常受瞩目且非常挣钱的联赛，
世界上优秀的球员与教练都纷至沓来。得益于高额的转播分成，
就连中下游球队也有足够的资金在转会市场大笔挥霍，
甚至比其他联赛的顶级球队都有钱。
在世界顶尖的传媒行业的催化之下，
最终诞生的一只独一无二的"独角兽"（独角兽是金融用词，
指独一无二的公司）。

明星联赛
西甲

西班牙足球启蒙于 19 世纪末，由英国劳工将这项运动带入了西班牙，两个伟大的足球俱乐部——巴塞罗那（以下简称巴萨）与皇马分别于 1899 年与 1902 年成立。西班牙足球甲级联赛成立于 1928 年，至今已有 90 多年的历史。

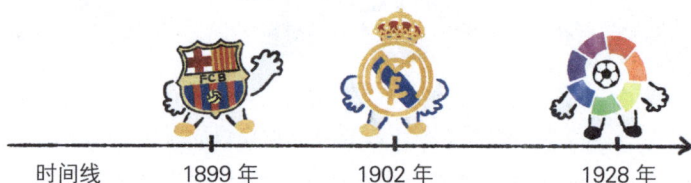

时间线　　　　1899 年　　　　1902 年　　　　　　　1928 年

巴萨与皇马两家世界上负有盛名的足球
俱乐部是西甲的名片。
二者在足球世界缔造了数个王朝时代，
此消彼长、相互交错着向世界足坛宣告西班牙足球的鼎盛。
他们从诞生的那一刻起至百年后的今天仍然闪耀，
这无疑是一篇史诗。

啊！
你们不要再打了！

一个鸡蛋中有两个蛋黄也许只是巧合，
一个国家诞生这样两支球队却不是美丽
的意外，是西班牙特殊的时代背景
造就了传奇。

怎么又是你
小子？

我还想问你呢！

西班牙职业联赛诞生初期，足球发展停滞不前。

西班牙步入民主时代后，巴萨获得了更多资助，

实力大增，与皇马分庭抗礼。

21 世纪初，建筑大亨弗洛伦蒂诺上任皇马主席，

他所实施的巨星政策开启了"银河战舰"时代，

全世界有名的球员都被皇马网罗至麾下，

其中像"外星人"罗纳尔多、"万人迷"贝克汉姆就是在这一时期加入皇马的。

只要球星。

弗洛伦蒂诺

巴萨则在荷兰人克鲁伊夫的影响下，

建立了拉玛西亚青训营，

凭借自身出色的培训能力，

打造了一支"梦之队"，

罗纳尔迪尼奥、哈维、梅西、伊涅斯塔等巨星都是这支球队的关键人物。

这一时期的西甲具备顶尖水平。

皇马与巴萨的对决被称为"国家德比"，

年度必看，加上西班牙国家队在 2008 年、2010 年、

2012 年三年连夺欧洲杯和世界杯冠军，

西班牙的足球文化迅速风靡全球。

2008　　**2010**　　**2012**

西甲虽然像英超一样，

也经历过俱乐部所有权从会员制（会员制：会员交纳会费后，

即拥有会员权利，可以在四年一次的主席大选中投票）到公司制的转变，

但皇马与巴萨两家俱乐部仍然保持着会员制的传统。

交纳会费成为
会员之后就可
以投票了哦!

会员

投票箱

两家俱乐部所代表的精神在本地球迷心中是无法磨灭的,
正如巴萨俱乐部的经营理念:"不止是一家俱乐部。"

més que un club

FC B

小世界杯
意甲

意大利足球联赛始于 1898 年，其最早的联赛形式与我们所熟知的相去甚远：由地区联赛决出冠军再集合起来打总决赛，这非常具有意大利民族特色。其直到 1929 年才改变成了真正意义上的全国性职业联赛，这更加接近于现今的意大利足球甲级联赛。

20 世纪 40 年代后意大利开启经济腾飞的"黄金 40 年"，迅速成为一个工业大国并在 20 世纪 80 年代人均 GDP 超过英国，成为当时仅次于美国、日本、西德和法国的世界第 5 大发达国家，意甲也在这样的背景下蓬勃发展。

意大利国家队在 1982 年的西班牙世界杯上夺冠，
这为此后意甲成为世界级比赛打下了基础，
在此之前意甲的影响力仅限于意大利国内。

1984 年马拉多纳从巴萨转会进那不勒斯，
这是优秀球员涌入意大利颇具代表性的事件。
1984 年至 2001 年，
世界足坛一共有 13 笔打破转会费纪录的交易，
其中意甲有 9 次。

欢迎巨星！

当时的 AC 米兰主席，
是意大利传媒大亨，坐拥亿万资产，
在那个年代，只需要花少量金钱就
可以招揽全世界的球星，于是各大俱乐部争相模仿，
意甲呈现出百花齐放的盛况。

这个，这个，这
个，我都要了。

咱也学学？

在 20 世纪 90 年代意甲最鼎盛的时代，
尤文图斯、AC 米兰、国际米兰、那不勒斯、佛罗伦萨、
帕尔马、桑普多利亚这七家俱乐部并称"意甲七姐妹"。
这个称号代表了意甲球队整体的强势，他们在欧陆赛场风头无两。
（后来那不勒斯、桑普多利亚降入意乙，罗马和拉齐奥顶替它们，
形成新的"意甲七姐妹"。）

意乙

我们是来加入这个家的。

20 世纪 80 年代末至 20 世纪 90 年代，
意甲球队连续 13 年进入重大洲际赛事的决赛，
夺得 4 座欧洲冠军杯、8 座欧洲联盟杯、3 座欧洲优胜者杯的冠军。
彼时，意大利是全世界足球的中心，
意甲又得名"小世界杯"，精彩程度与世界杯媲美。

对于我国许多球迷而言，
意甲至今仍令他们回味无穷。
罗纳尔多、马拉多纳、马尔蒂尼、
罗伯托·巴乔、齐达内等名字成了
他们青葱岁月的印记，
这些名将们也在逐渐老去。

想当年……

意甲的衰落与意大利国内经济泡沫的破裂息息相关，

21世纪后意大利经济下行，危机旋即爆发。

2006年尤文图斯俱乐部爆出"电话门"，揭开了浮华背后的丑陋。

没有成型的商业体系使得意大利许多球队濒临破产。

足坛资本的重心在此时转向了英超与西甲，优秀球员不断出走，

从2010年国际米兰拿到欧冠后至今，意甲没有球队能站上欧陆之巅。

如今，荣光褪去的意甲仍旧保留着自身的特点，

精密的战术与铁链般的防守吸引着众多球迷关注，

还有很多人在等待着意甲的复兴。

逆金元德甲

金元在英超与意甲都掀起过巨大波澜，也为西甲带去了顶级球星，使得上述联赛在不同时期走向全世界，成为举世瞩目的足球联赛。德国的足球联赛走的却是另一条道路，金元并没有滋养这片土壤。

切……

19 世纪 70 年代，
德国从英国引进足球运动并按照最初的规则推广足球。
但是在 20 世纪 50 年代之前，
足球这项运动在德国的发展停滞不前，
始终保持在半职业的状态。
这期间许多优秀的本土球员纷纷被他国的球队挖走，
德国为提升在足坛的地位，
决定成立职业联赛。

别……别走！

德国

1962 年智利世界杯，
西德 0：1 输给南斯拉夫成了德甲成立的契机。
当年 7 月德甲正式成立，从 1963/64 赛季开启。

现如今我们熟悉的德甲主要传承自西德。

1990 年是德甲的重要转折点，

在此之前德甲受到的关注仅限于西德，

在此之后，民主德国球队并入德甲，德国电视台买下

转播权现场直播，加上德国国家队登顶世界杯与欧洲杯，

德国足球在 20 世纪 90 年代开始风靡全球。

嘿，一起踢球吧！

好啊。

德甲的发展路径与其他联赛本质上并无二致，

在足球经济高速发展的 20 世纪 90 年代，

德国足球凭借过硬的实力创造了比英格兰足球更加有潜力的商业市场。

但英超中金元盛行所带来的副作用也摆在德国人面前，

英格兰布莱克本俱乐部在商人的注资下，

创造了 5 年内从第 2 级别垫底到登顶英超的奇迹，

但 3 年后便随着资本远去而降级，

这给足球俱乐部带来了毁灭性的打击。

我飞咯!　　　啊啊啊!

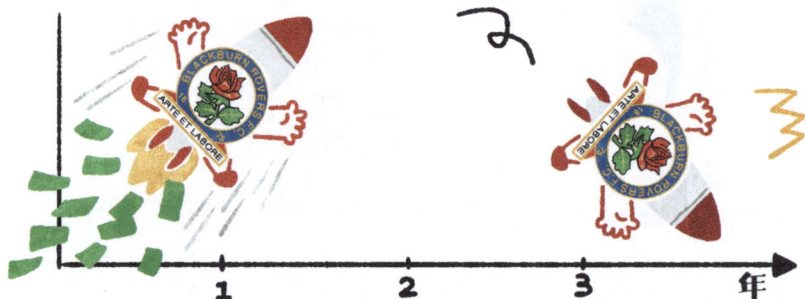

为了俱乐部能实现良性运营,
1998 年保守谨慎的德国人制定了"50+1"政策。
政策要求俱乐部会员至少拥有 51% 的投票权,
投资人的投票权不超过 49%。这也就是说,
不能投资人说什么就是什么,
旨在不让俱乐部被投资人随意操控,
让会员拥有主导权。

懂不懂"50+1",可不是有
钱就能想干啥就干啥的。

50 + 1

正因为有了前车之鉴,
德甲始终对资本谨慎看待,
专注于维系与当地球迷之间的情感纽带,
注重培养年轻球员,
铭记危机之际社会对足球俱乐部的贡献。

在历经了 10 年阵痛期后，

德甲在 2013 年迎来了巅峰。

这一年，两家德甲俱乐部——拜仁慕尼黑俱乐部与

多特蒙德俱乐部会师欧冠决赛。

2014 年，德国国家队夺得世界杯冠军，

2020 年，良性运营之下的德甲俱乐部展现出强大的抗压能力，

拜仁慕尼黑队拿下了 2020 年欧冠冠军。

2013　　　　　　　2014　　　　　　　2020

好厉害啊!

当然，资本进不来，也导致难有新贵。

拜仁慕尼黑队成为德甲众星捧月的王者，

在德甲 1962 年成立以来的 58 次联赛中，

拜仁慕尼黑队获得了 30 次冠军，

人们总调侃道："拜仁在德甲一家独大!"

获得那么多
次冠军，还
有点儿不好
意思。

球星工厂 法甲

法国足球向来在世界足坛有着举足轻重的地位。法国 2 次夺得世界杯冠军、2 次夺得欧洲杯冠军；单届世界杯个人进球纪录由法国人朱斯特·方丹在 1958 年创造，其进球 13 个。

可以谈谈法甲吗？

我们有 2 个世界杯冠军，2 个欧洲杯冠军，有朱斯特·方丹的单届世界杯个人进球纪录，还有《队报》。

世界年度最佳球员权威奖项"金球奖"由法国媒体《队报》评选，但法甲在各国联赛中显得有一些透明。

作为早一批接触足球的欧洲国家之一，法国足球职业化在 1932 年便得以开展，法甲便是在此时创立的。

19 32

当今足坛，法甲在五大联赛中属于末流联赛。

从竞技层面看，

法甲球队并未像其他联赛球队那样多次夺冠，

欧冠历史上仅有马赛这一支法甲球队拿到过冠军，

朱斯特·方丹曾带领兰斯在 20 世纪 50 年代 2 次挑战

皇马的欧洲霸主地位，也以失败告终。

Hi

我有什么？马赛拿过欧
冠冠军，还有……

历经近一个世纪的发展，

法甲从未缔造过属于自己的巅峰，大多数法国球星都是在

法甲球队出道，转而前往西甲、意甲和英超等球队。

其原因是，这些国家的足球市场更繁荣，竞技实力也更胜一筹。

同时，法甲球队中混血球员较多，因此去海外踢球并不难接受。

在 1995 年博斯曼法案出台以前，

欧洲各国球员之间的流动并不频繁，法国著名球星——

拥有意大利血统的普拉蒂尼在 1982 年转投意大利尤文图斯队，

是法甲缺乏吸引力的重要佐证。

可以说法甲基本上没有诞生过一支像皇马、
拜仁慕尼黑那样的球队。近百年的历史中,
一共有 19 支球队拿到过法甲冠军: 20 世纪 50 年代冠军王属于兰斯,
20 世纪 70 年代冠军王属于圣艾蒂安, 20 世纪 90 年代冠军王则属于马赛,
21 世纪初里昂又拿下了 7 连冠。当今法甲则是
卡塔尔财团投资的巴黎圣日耳曼的天下,这支球队仅有 50 多年的历史,
在百年豪门云集的欧洲球队中还属于"青年人"。

| 20 世纪 50 年代 | 20 世纪 70 年代 | 20 世纪 90 年代 | 21 世纪 | 时间 |

在长期缺乏竞争力与商业价值的情况下,
法甲另辟蹊径,既然硬实力不行,
就干脆将优势发挥到底。
法甲吸纳了许多来自非洲国家的球员。
背靠如此庞大的人才库,
法甲球队建立起了相当完善的球探机制与青训体系,
桃李满天下的法国克莱枫丹青训营便是其中的翘楚,
亨利、特雷泽盖、姆巴佩等知名法国球星便来自此处。

特雷泽盖 姆巴佩 亨利

发掘并细心培养青年才俊后，以高价转给顶级俱乐部，

这是现今大多数法甲球队的生财之道，

摩纳哥队曾在一年时间挣得转会费超 5 亿欧元。

于是，法甲又得名"球星工厂"。

观看法甲的乐趣便在于，

眼光毒辣的观众也能当一回"球探"，

当哪位球星横空出世时，可以拍一拍胸脯，

吹嘘道："这小子，是我看着他出道的。"

哼，我跟你说，这小子还没出名的时候，我就注意到他不一般。

第六大联赛

前面介绍的五大联赛，在当今足坛已无太大争议，一些国家的联赛也在争抢五大联赛的一席之地，在此处将其统称为"第六大联赛"。

知道什么是"第六大联赛"吗？

在欧洲，
曾有两个国家的联赛跻身顶级联赛的行列，
即荷兰足球甲级联赛与葡萄牙足球超级联赛
（以下分别简称荷甲、葡超）。
他们的球队在不同时代达到巅峰，
参与激烈的竞争，但如白昼流星一般
随着顶级球员的流失而褪去荣光。

我是荷甲。

我是葡超。

20 世纪 70 年代是荷甲最负盛名的时期，
阿贾克斯队与费耶诺德队包揽了 1970—1973 年间 4 座欧冠奖杯，
全世界初次目睹了荷兰足球的"全攻全守"，
并为之折服。以"飞翔的荷兰人"克鲁伊夫为代表，
众多优秀的荷兰球员诞生在此时期。

此后埃因霍温与阿贾克斯虽然相继在 1988 年与 1996 年再次登顶，
但在资源更丰富的其他联赛的吸引之下，球员们相继离开。
不过，昔日光辉岁月为荷兰足球留下了一笔宝贵财富——
具有"全攻全守"特性的青训体系，使得如今的荷甲更受年轻球员的青睐，
荷甲更是创下了欧洲主流联赛的最大比分纪录：13 ：0。

葡超由葡甲改制而来，本菲卡、波尔图以及葡萄牙体育
3 支球队几乎包揽了葡超的冠军。

本菲卡的表现于 20 世纪 60 年代达到巅峰，
1961 年至 1962 年连夺两届欧冠冠军，
打破了皇马对欧冠的统治。

21 世纪初，葡超曾一度跻身五大联赛行列，
教练穆里尼奥带领波尔图在 2004 年捧得队史
第二座欧冠奖杯，创造了奇迹。

如今葡超的定位与法甲相同，扮演球星工厂的角色，
C 罗便是代表人物。

博卡青年与河床是两支来自南美阿根廷足球甲级联赛的球队，
他们之间的对决被视为世界上最激烈的比赛之一。
在南美，人们把足球当作一种无可替代的娱乐方式，
只有亲身沉浸其中，你才能真正了解足球为何令人疯狂。

全世界还有许多联赛等待你去关注，

"第六大联赛"实际上无关排名与实力，全凭个人喜好，

"第六大联赛"也可以是中国足球协会超级联赛（以下简称中超）。

不做伪球迷：
了解规则的演变

足 球 趣 味 科 普

《剑桥规则》

1848 年，剑桥大学的一名学生在自己的寝室召开了一次会议，与会者来自各个公学与私立学校，在他们的共同整理下，一本名为"剑桥规则"的册子面世，这是世界上第一本系统介绍足球规则的书。

其中介绍的规则与现今的足球运动规则相差较大，
它的意义在于开启了规则统一运动，
其版本也在不断试验中更新迭代，
直至英足总确立权威的足球比赛规则。

《剑桥规则》的重要贡献之一，
是让橄榄球与足球正式分家，
这两项当时风靡英国的运动早期在玩法上极为相似。

对于足球比赛中用手还是用脚的问题一直有争论，
早期在足球运动中也可以用手。

在 1862 年修订的规则中，
手持足球被禁止。
之后在英足总修订正式
足球比赛规则的过程中，
禁止手持足球成了主流观点，
从此在足球运动中，
只有守门员才可以用手触球。

足球
比赛
规则

TheFA

1863 年，英足总修订的《足球比赛规则》
逐渐取代了《剑桥规则》，
在二者共同存在的时期，
双方虽有细微规则上的不同，
但大体上近似，如出场队员固定为 11 人，
甚至可以说前者一脉相承于后者。

《剑桥规则》中有一条规则是现今越位规则的前身：

当某名球员触球时，

比他更接近对方门线的队友不得触球和阻碍其他球员触球，

也就是说，只准横传与回传，不允许向前传球。

另一项重大规则是禁止踢人，

英足总为此还展开了相当激烈的辩论。

这里的"踢人"是指踹对方的胫骨，

在当时这是一种身体对抗的手段，

并且有一部分人支持这种踢法，

他们认为身体对抗也是运动的一部分。

这种观点最终被抛弃，

但这一点在铲球横行的英伦足球中仍有迹可循。

咔嚓

重大规则变革

足球规则经过上百年的演变，每一次变革都引导着这项运动的发展趋势，符合时代并尊重体育竞技原则的规则被传承至今，与之相违背的规则便消失在历史的长河中。足球风靡全球的一部分原因是其规则简单，在恪守这项原则的前提之下，有几次重大的规则变革影响深远。

越位规则相较于足球比赛中的其他条例，
文字复述的难度以及复杂程度都更大，
判断一个人是否懂球的标准，可以是其能否将越位规则解释清楚。
越位规则诞生得较早，早期目的为鼓励个人带球进攻，
限制向前传球，避免足球成为赛跑。
个人盘带过人大行其道，越位规则是足球运动的关键规则。

从诞生起，
越位规则一共经历过 3 次大改，
从"传球一瞬间，接球队员只要更接近对方底线就算越位"，
到"接球队员与对方底线之间防守人数少于 3 人（包括守门员）算越位"，

再到 1925 年规则由"少于 3 人"变为"少于 2 人（包括守门员）"。

再往后的修改便是在"少于 2 人"的基础之上加以补充，

细枝末节的附加条件因特殊情况而定。

但总体上而言，越位规则变革的目的始终只有一个，

即增加防守难度，鼓励进攻，提高观赏性。

伴随着越位规则的演变，

足球战术也发生了巨大变化。

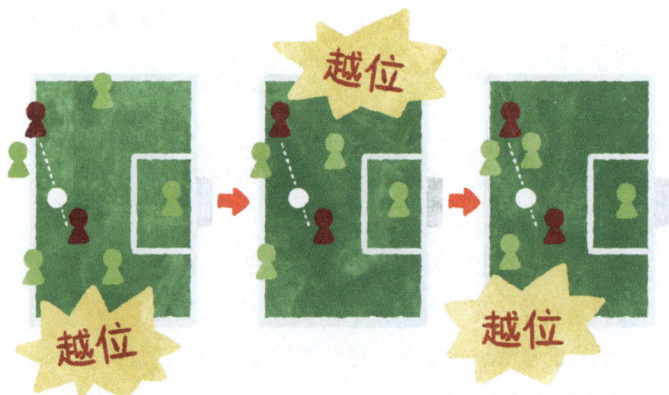

"换人！"球员踢得不好时，

球迷这样喊已是司空见惯，

换人规则出现在现代足球诞生一百年后。

在 20 世纪 60 年代以前，

即便球员受伤了也得坚持比赛，

否则球队就要面临少 1 人的局面。

1962 年智利世界杯上贝利就曾饱受其苦，

足坛内逐渐涌现为球员安全担心的声音。

扶我起来，我还能坚持……
不然就少一个人了……

最初的换人规则只允许换 1 人，
在 1970 年世界杯得以实施。
1995 年换人规则改为允许换 3 人，
但其中一个名额只能用于门将。
1997 年换人规则变为允许换 3 人并且不
限制位置。
2022 年换人规则变为允许换 5 人，但次数
为 3 次。
换人规则使得临场调整也成了重要战术。

红黄牌制度也不是从足球规则诞生之日起就存在的，
1970 年这项制度才真正出现在世界杯赛场上，
作为辅助裁判明示警告类型的方式存在。
在此之前，在不少国际比赛中，出现过球员与裁判语言不通的情况。
在 1962 年的世界杯中，智利对阵意大利，
比赛在主裁判的执法下完全失控。
1966 年，一位英格兰裁判阿斯顿从红绿灯中得到灵感，
并向国际足联提出了他的红黄牌计划，
最终红牌被用来罚下犯规行为恶劣的球员，
黄牌则被视为严重警告。

现代新规

2020 年，欧洲联赛停摆了 3~4 个月，复赛后的赛程相当密集，一周双赛乃是常态。为了保证球员身体健康，一则全新的换人制度在欧洲推广开来，允许换人人数从 3 人变为 5 人，换人次数仍为 3 次，中场休息换人不计入次数。

这是新来的替补
队员！

"5 换制度"让更多替补球员有了出场机会，
同时也保证了主力球员不会因密集赛程劳累过度。
因新规备受各方好评，
所以即便在联赛秩序恢复正常后也得以保留，
这也促使足球战术再次革新，
拥有"5 换思维"的教练更能驾驭赛场。

你们看见没？教练
看我了，我有机会
出场了！

视频助理裁判（VAR）技术于 2018 年世界杯正式亮相，
该技术通过视频回放技术协助主裁判进行判罚。
它是一种辅助主裁判判罚的手段，
在关乎红牌、进球等关键判决时刻，
视频助理裁判向主裁判回放视频以便其做出精确判罚。

数据显示 VAR 技术在实施过程中的确减少了冤假错案的发生，

诸如"门线悬案""上帝之手"等令人津津乐道的

经典事件在新技术的运用下将不再出现。

"上帝之手"在我这儿无处可逃。

NO NO NO

即便如此，对 VAR 技术仍有不少反对声音，

局限性在于视频助理裁判

只行使辅助提醒作用，权力仍在主裁判手中，

无法做到绝对公平公正。

另外，在越位判罚中，VAR 的辅助画线技术也饱受争议，

逐帧观看使得越位频频出现；

过久的判罚时间也使得比赛流畅性下降。

不少人抵制 VAR 技术的核心论点是：真的需要这么较真吗？

VAR

除了上述重大改变，

几乎每一个赛季足球规则都会进行微调，

最终目的仍是服务于比赛，

在公平公正与观赏性、娱乐性中找到平衡点。

球场不是严肃庄严的法庭，

也不是唇枪舌剑的辩论会，

球迷需要什么样的比赛，才是重点。

残酷的点球大战

点球大战是足球比赛中最具戏剧性的一个环节，不论球队实力强弱，球员之间都在进行心理博弈。射门队员站在距离球门 12 码（足球场上的 12 码约 10.9728 米）处的点球点前，面对的是守门员不断释放的干扰信息、队友与教练以及球迷寄予的厚望，以及害怕罚失点球的巨大压力。

在必须决出胜负的杯赛比赛中，
在常规时间以及加时赛后仍无法决出胜负时，
双方会采取互射点球的方式来决出胜者。
点球大战开始前双方各自先确定好本队罚点球的队员和出场顺序，
通常通过猜硬币的方式决定由哪一方先罚。
点球大战开始后，双方轮流罚球，共罚 5 轮，
5 轮结束之后，累计进球数多的一方获胜。
若双方仍然打平，则继续进行每次一轮的罚球，
直至分出胜负，罚丢球的队判负。

在点球大战出现以前，
在双方打平的情况下，一般会择日重赛或抽签决定胜负。
比如 1954 年西班牙与土耳其在比赛中战平，
主办方找了场地管理员的 14 岁儿子，
蒙着眼睛从罐子中抽签，
最终大热门西班牙就这样被土耳其淘汰。

有时甚至会用掷硬币来决定胜负，
如在 1968 年世界杯中，意大利靠掷硬币淘汰了苏联，
并最终在决赛中击败南斯拉夫成为冠军。

1970 年，在一位德国裁判卡尔·瓦尔德的启发下，
点球大战正式在全世界范围内被推广。1982 年世界杯，
在法国与西德的半决赛中，举行了世界杯历史上首次点球大战。
点球大战出现后，足坛滋生了顽强死守、负隅抵抗撑到点球大战的战术理念，
为了抵制这种反足球思维，1996 年实施了"金球制"，
指加时赛中打进一球比赛就宣告结束。2003 年国际足球联合会（FIFA）
又推出了"银球制"（银球制：在加时赛中，在 15 分钟的上半场中如果决出胜负，
则比赛结束，如未决出胜负，就进入下半场加时赛），其核心与"金球制"一致，
只是这种制度被证明不符合足球规律，在 2004 年被国际足联废除。

进球！结束比赛！

96:47　0:0

下半场加时！

105:00　1:1

真是胜负一念间啊。

不过现在没有金球制和银球制了，都要踢满 30 分钟。

历史上曾有许多场点球大战被奉为传世经典，
在 1994 年世界杯决赛意大利与巴西的点球大战中，
意大利队的罗伯托·巴乔罚失点球后，
忧郁而落寞的身影让无数球迷为之动容，
巴西最终捧得大力神杯，
但人们也记住了罗伯托·巴乔。

点球大战发展至今，
其发明人瓦尔德坚信仍有更好的方式来替代它，决出最终比赛的胜负。
事实上，人们已经逐渐习惯点球大战，
并深深地被其吸引，
这一赛制也是足球吸引人的一个原因。

成为球迷第一步：挑一支喜欢的球队

足 球 趣 味 科 普

俱乐部与国家队

在足球领域，俱乐部和国家队是一个必须弄清楚的基本概念。各国足协分属下的代表队叫作国家队，从在足协注册在案的球员中选拔出一支精英队伍，征战国际赛事。俱乐部则具有私人性质，任何有条件的人都可以注册一支俱乐部，自己挑选球员，从所属地的低级别联赛开始征战。

比如作为一名中学生，你所属的班级可以是你的俱乐部，你需要按时上课下课，定期完成考试，当你要代表学校参加奥赛时，学校组成的队伍便是国家队。

例如，德国的拜仁慕尼黑队与国家队，
拜仁慕尼黑队是俱乐部，可以在全世界招贤纳士，
球员不论国籍、地区均可加入。
在合约中会规定球员的效力年数与薪水等条件。
而国家队所招募的球员需拥有相应国家的国籍或满足其他特殊条件。

在临近比赛前，国家队公布球员名单组织集训。
这与俱乐部签订契约不同，
国家队名单随着赛事时刻发生变化。

参赛入选人员
名单为……

巴西

紧张~　　紧张~

这是荣耀!

两者最大的差别在于，
球员会把在职业俱乐部踢球看作工作，
而把在国家队踢球看作为国出征的荣誉。

法国

这是工作。

出于特殊原因，某些国家会拥有多支代表队，
比如英国拥有4支代表队出征国际赛事：英格兰代表队、
威尔士代表队、北爱尔兰代表队、苏格兰代表队。
这种情况主要是由英国足球历史发展所致，
这4个地区都拥有自己的足协，分而治之更合理。

英国

一名球员可以同时为国家队与俱乐部效力，
但不可同时为2家俱乐部或2支国家队效力。
他可以在不同俱乐部之间寻求转会，
但要想换支国家队效力，难度就大多了，
他得拥有多国国籍或者改换国籍。

再见！

欢迎欢迎！

但也有不少为多支国家队征战过
的球员，比如路易斯·蒙蒂，
在 1930 年与 1934 年分别跟随
阿根廷队与意大利队闯入
世界杯决赛。

阿根廷 1930

意大利 1934

俱乐部与国家队都有各自独立的赛事，让二者进行一场比赛，
好似打破次元壁，但历史上存在过不少友谊赛性质的类似比赛。
比如 1986 年世界杯前夕，
阿根廷队与意大利的那不勒斯队进行了友谊赛，
马拉多纳代表阿根廷参赛，最终阿根廷队以比分 2 ∶ 1 胜出。

阿根廷

1999 年西班牙巴萨队与
巴西队的对决，
是顶级俱乐部与国家队的较量。

巴西

"地表最强"国家队

纵跨南美，有一个足球王国——巴西，其虽不是足球的发源地，却是足球的代言人，"桑巴足球"名满天下。

里约热内卢的街头小巷还原着足球本质，狭窄过道、空旷泥地与海滩孕育了天马行空的足球风格。

巴西足球的久盛不衰，体现在他们从未缺席过世界杯，贝利代表了一个鼎盛时代。如今若想在清晰的视频资料中，寻觅"桑巴舞步"在足球场上的踪迹，"足球精灵"罗纳尔迪尼奥会给你答案，他的传承者是现役巴西队的代表人物内马尔。

南美的另一片足球沃土，是阿根廷。

阿根廷人将潘帕斯草原上翱翔的雄鹰当作阿根廷队的象征。

阿根廷队荣获的 2 座世界杯冠军奖杯为其蓝白球衣绣上两颗金星。

马拉多纳的一生展现了阿根廷足球的迷人之处。

一首《阿根廷别为我哭泣》（ "Don't Cry For Me Argentina" ）
浓缩了阿根廷队近 40 年的悲情色彩，
他们的英雄在等待一座新的世界杯冠军。

德国队的风格与他们的工业一样精密严谨，
球员们高大强壮的躯体赋予球队压制力，组织有序的战术赋予球队纪律性，
他们并不盛产古希腊神话式的英雄，团队作战多于个人表演。
新式德国足球在力量之下融合了技术与速度，
并且走在理论的前沿，引领着战术思潮的变革，用科学战略赢下比赛。

法国庞大的人才库辅以优秀的青训机制，
使得法国队的青年才俊不断涌现。
法国队具备不同风格的球员，
一举拿下 2018 年俄罗斯世界杯冠军，
未来他们仍将是夺冠大热门。

才拿下欧洲杯冠军的意大利队，在短暂的落寞后，
从上一代辉煌的余烬中找回了意大利足球的传统，
"链式防守"牢不可破。

足球发源地英格兰，
扛着"足球回家"（football is coming home）的宣言，
在 55 年无冠的煎熬中进行了技术改革。

IT'S COMING
BELIEVE
HOME SOON

21 世纪的葡萄牙队跻身豪强之列，
现正值新"黄金一代"，
C 罗带着一众球员势要让世界杯再添新贵。

冲呀！

葡萄牙

7

西班牙队与荷兰队人才断档，
西班牙队的"tiki taka"传控足球战术，主张将球传进球门。

荷兰队的"全攻全守"战术主张不论后卫还是前锋都要进行进攻和防守。
二者都曾盛极一时，现只能在视频资料中再睹其巅峰时刻，
他们在静悄悄地等待复兴。

冲呀，一起进攻！

还有人才井喷、靠青训起家、效仿法国的比利时队。

作为新贵，他们寄希望于一鸣惊人，

打破世界足坛"九大豪强"的格局。

Hi

法国　英格兰　巴西　意大利　比利时　葡萄牙　阿根廷　西班牙　德国　荷兰

以上十支国家队，便是当今足坛排名靠前的队伍。

伟大的俱乐部

足坛历史上百年，早期各路豪强都雄踞一方，互相比赛、交流远不如当今这么方便、频繁。欧洲与南美洲都曾诞生过不少盛极一时的俱乐部，随着资源逐渐向欧洲五大联赛倾斜，在丛林法则中败下阵来的俱乐部便逐渐淡出了人们的视野。在"马太效应"下强者越强，现今世界顶尖的俱乐部都隶属于欧洲五大联赛。

欧冠冠军
2次

英格兰顶级联赛冠军
6次

迪迪埃·德罗巴
（Didier Drogba）

色调：
蓝色

1905年成立
位于英国伦敦

球场：
斯坦福桥球场

绰号：
蓝军

切尔西
是新贵，在2003年由俄罗斯商人阿布拉莫维奇入主后崛起。是初代"金元足球"的代表，以"铁血"著称

欧冠冠军
3次

英格兰顶级联赛冠军
20次

韦恩·鲁尼
（Wayne Rooney）

色调：
红色

1878年成立
位于英国曼彻斯特

球场：
老特拉福德球场

绰号：
红魔

曼联
荣誉簿上的奖杯贯穿英格兰足球发展史，是底蕴深厚的老牌豪门，现今是全球商业化非常成功的俱乐部

欧冠冠军
6次

英格兰顶级联赛冠军
19次

史蒂文·杰拉德
（Steven Gerrard）

色调：
红色

1892年成立
位于英格兰利物浦

球场：
安菲尔德球场

绰号：
红军

利物浦
历史悠久，奖杯陈列室辉煌无限。英超成立之前，利物浦一枝独秀傲视英伦。英超成立后沉沦多年，如今他们以"摇滚足球"再度强势归来。

欧冠冠军
无

英格兰顶级联赛冠军
7次

塞尔希奥·阿圭罗
(Sergio Agüero)

色调:
蓝色

绰号:
蓝月亮

1880年成立
位于英国曼彻斯特

球场:
伊蒂哈德球场

曼城
2008年在阿联酋阿布扎比财团的入主下一举成为新贵,近十年在最难夺冠的英超数次登顶,是足坛投资创业经营球队的典范

欧冠冠军
无

英格兰顶级联赛冠军
2次

孙兴慜
(Son Heung-Min)

色调:
白色

绰号:
白百合

1882年成立
位于英国伦敦北部

球场:
托特纳姆热刺球场

热刺
相对来说没有诸多荣誉加身,但也是一支野心勃勃的潜力队伍,实力已然达标

欧冠冠军
无

英格兰顶级联赛冠军
13次

蒂埃里·亨利
(Thierry Henry)

色调:
红白

绰号:
枪手

1886年成立
位于英国伦敦北部

球场:
酋长球场

阿森纳
曾在法国教头温格治理下以"美丽足球"吸粉无数,但因修建球场而减少转会投入被迫蛰伏,现常年以争前4名获取欧冠奖金为目标

欧冠冠军
14次

西甲冠军
35次

罗纳尔多
（Ronaldo Luiz Nazario De Lima）

色调：
白色

绰号：
银河战舰

1902年成立
位于西班牙马德里

球场：
伯纳乌球场

皇马
贯彻巨星政策，球员阵容豪华无比

欧冠冠军
5次

西甲冠军
26次

梅西
（Lionel Messi）

色调：
红蓝

绰号：
红蓝军团

1899年成立
位于西班牙巴塞罗那

球场：
诺坎普球场

巴萨
以青训为立业之本，以"tiki taka"
传控足球技术优势领先

欧冠冠军
无

西甲冠军
11次

西蒙尼
（Diego Simeone）

色调：
红白色

绰号：
床单军团

1903年成立
位于西班牙马德里

球场：
西维塔斯（万达）大
都会球场

马德里竞技
原并无有实力插足其中，"匪帅"
西蒙尼为其打造铁血防守，打破双
雄格局，实乃平民球队的"天花板"

AC米兰

欧冠冠军
7次

意甲冠军
19次

保罗·马尔蒂尼
(Paolo Maldini)

色调:
红黑色

1899年成立
位于意大利米兰

球场:
圣西罗球场

绰号:
红黑军团

AC米兰
祖上阔绰，视频资料越模糊米兰越强大，老球迷的钟爱对象之一，在意甲没落后沉沦许久，现有复兴迹象

国际米兰

欧冠冠军
3次

意甲冠军
19次

哈维尔·萨内蒂
(Javier Zanetti)

色调:
蓝黑色

1908年成立
位于意大利米兰

球场:
梅阿查球场

绰号:
蓝黑军团

国际米兰
简称国米，与AC米兰互为对手，在意甲巅峰期与之分庭抗礼。其理念为网罗意大利海外的优秀球员，颇具国际范

尤文图斯

欧冠冠军
2次

意甲冠军
36次

安德烈亚·皮尔洛
(Andrea Pirlo)

色调:
白黑色

1897年成立
位于意大利都灵

球场:
都灵安联球场

绰号:
老妇人

尤文图斯
乃意大利霸主，意甲冠军数相当于"米兰双雄"的总和。在意甲落寞时尤文图斯独挑大梁，是意式"链式防守"的代表球队

欧冠冠军
6次

德甲冠军
31次

色调：
红白色

1900年成立
位于德国慕尼黑

球场：
慕尼黑安联球场

FC BAYERN MUNCHEN

拜仁慕尼黑
为德甲传统霸主，德国多数球员皆向往此处，坐拥丰富资源，几乎是以国家队正牌军出战，与德国足球荣辱与共

莱万多夫斯基
（Robert Lewandowski）

绰号：
绿茵好莱坞

欧冠冠军
1次

德甲冠军
8次

色调：
黄色

1909年成立
位于德国多特蒙德

球场：
伊杜纳信号公园
球场

BVB 09

多特蒙德
善培养年轻小将，为拜仁慕尼黑送去不少青年俊才，常采取开放战术，球员年轻有活力，专心培养可塑之才

罗伊斯
（Marco Reus）

绰号：
大黄蜂

欧冠冠军
无

法甲冠军
10次

色调：
蓝红色

1970年成立
位于法国巴黎

球场：
王子公园球场

PARIS SAINT-GERMAIN

巴黎圣日耳曼
背靠卡塔尔财团，鲜有球队能撼动该球队的地位。他们注重品牌经营，信奉巨星效益，大多超级球星都在他们的引援名单之中

姆巴佩
（Kylian Mbappé）

绰号：
PSG/大巴黎

（注：英格兰顶级联赛冠军次数等于夺得英超联赛及其前身英甲冠军的次数之和；欧冠冠军次数等于夺得欧冠联赛及其前身欧冠杯冠军的次数之和。）

社区足球文化

在一个霞光如虹的傍晚，英格兰西约克郡科尔德河谷的一家小酒馆里人头攒动，几位英格兰大叔正在兴奋地向年轻人描述刚在沙伊球场结束的比赛。

那是哈利法克斯的足球俱乐部的小球会，
他们正在征战英格兰第七级别联赛。
其中一位年轻人兼职一份义肢制作厂的工作，
同时也是哈利法克斯队的场上前锋。
在这里人们不断赞叹着这位前锋的精彩进球：
"你的进球比英格兰队的前锋都要出色！" 这就是社区足球文化。

在英格兰，
金字塔尖的那些顶级球队使得足球风靡全国，
但真正筑起地基的是庞大的 24 级联赛系统和
超过 4 万家注册在案的俱乐部。
大多数球队都不具备辉煌的历史与华丽的比赛场地，
场地甚至比较简陋。

俱乐部的拥趸者来自本地社区，

每场比赛或许只有近千人观看。

球迷们拥有与俱乐部紧密相连的纽带，

场上球员大多来自本地社区，

踢完比赛后与球迷一起庆祝、聊天乃是常态。

嘿！我带女朋友来看你们比赛啦！

今天比赛踢得很棒！

那当然啦！

下班回家啦？好好休息！

根植社区，

是这些俱乐部获得支持的关键。

绝大多数的球队在建队之初都是为某一个社区服务的，

如今大名鼎鼎的曼联在成立之初叫牛顿希斯 LYR 队，

是一群铁路工人自娱自乐创建的球队。

这种从现代足球诞生开始传承至今的文化，

在英国存留得最为典型。

球迷强烈的当家做主的意识使得他们对资本的入侵极为鄙夷。

理解了社区足球文化，

便能理解为何如今许多大球会的老板们一掷千金，

但球迷仍然抱怨。

因为在他们眼中这不是一门生意，

而是传统文化。

即使是曼联这样的大俱乐部，

在被美国商人格雷泽家族收购时，

一小股愤慨的曼联球迷便自立门户，成立了联曼俱乐部，

为的便是开拓一片属于传统球迷自身的净土。

他们并不在意球队能否夺冠，

只是希望周末下午能与朋友和家人一起观看比赛。

在第三级别与第五级别徘徊的特兰米尔流浪者队
深谙经营一支社区球队之道，其票价远比那些豪门球队低，
小朋友甚至只需要一罐可乐的钱便能入场看球，
球场内还提供不错的餐饮服务。
在英国人眼中，这种现场看球的体验可比坐在家中
看屏幕里豪门球队的比赛要真实得多。

比赛开始啦！

低级别社区球队可通过晋升参与顶级联赛，
足总杯赛场给了社区球队挑战豪门球队的机会。
上文提到那位哈利法克斯队的前锋，
日后成了英超最佳射手，真正入选英格兰队，他就是杰米·瓦尔迪。

FC HALIFAX TOWN
THE SHAYMEN

英格兰

有趣的吉祥物与队歌

吉祥物是足球文化的一部分，也是球场上亮丽的风景线之一。其风格多样，有古灵精怪、可爱的，也有英姿飒爽、威风凛凛的。

阿森纳吉祥物：雷克斯。

物种：恐龙。

它诞生于 1993 年，由一位 11 岁的孩子受到热映电影《侏罗纪公园》（*Jurassic Park*）启发后设计出。2019 年"足球吉祥物世界杯"评选大赛中，雷克斯过关斩将最终被球迷票选为冠军。

拜仁慕尼黑吉祥物：伯尼熊。

物种：棕熊。

曼联吉祥物：弗雷德。

物种：魔鬼。

来源于曼联队徽，绰号"红魔鬼"。

沙尔克04吉祥物：欧文。

物种：精灵。

沙尔克04最早是矿工的俱乐部，

绰号"矿工"，

吉祥物的设计灵感便来自一位叫

欧文的矿工。

多特蒙德吉祥物：艾玛。

物种：蜜蜂。

多特蒙德所在的鲁尔区盛产小麦和

煤炭，因此以黄黑色为主色调，

进而以黄黑色的蜜蜂为吉祥物。

拉齐奥吉祥物：奥林匹亚。

物种：老鹰。

拉齐奥绰号"蓝鹰"，

吉祥物是俱乐部工作人员

饲养的一只老鹰。

每到比赛日拉齐奥便会放鹰展翅翱翔。

波特兰伐木者吉祥物：一棵树。

物种：树。

比赛日会有一棵树的树干出现在球场内，

一位伐木工表演砍伐树干为比赛助兴。

想象一下 6 万人在体育场齐唱一首歌的壮观场景，

令人热血沸腾。

队歌能引起球迷巨大的共鸣。

利物浦的队歌《你永远不会独行》（"You'll Never Walk Alone"）流传甚广，

在足坛之外同样有较高的传唱度。

它的节奏并不激荡，

词曲均源自 20 世纪 50 年代百老汇歌剧，

在舒缓的韵律中配上饱含深情的歌词 "you'll never walk alone"，

深深地将球迷的支持刻在场上球员心中。

苏格兰的凯尔特人队和荷兰的许多球队都将这首歌作为队歌。

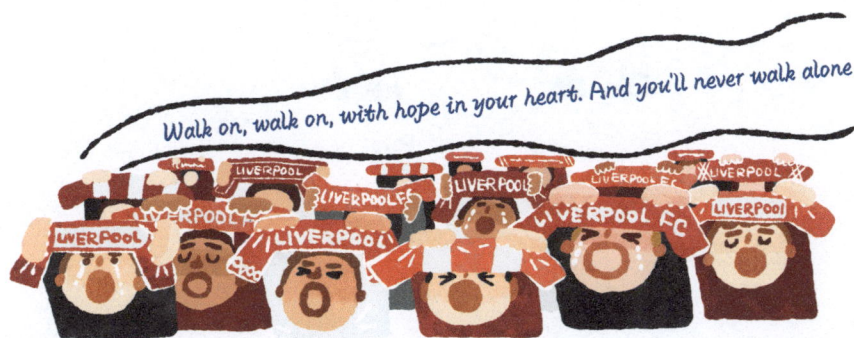

Walk on, walk on, with hope in your heart. And you'll never walk alone

曼联与热刺的队歌《光荣属于曼联》（"Glory, Glory Man United"）改编自一首军歌。

与英格兰球队将传唱度高的歌曲改编成队歌不同，

意大利和西班牙的球队会为队歌专门作词、编曲。

皇马的《加油！马德里》（"Hala Madrid"）和

巴萨的《巴萨颂歌》（"Himne del Barça"）都颇具古典风情，

AC 米兰队歌《米兰，米兰》（"Milan Milan"）激情澎湃，
国际米兰队歌《疯狂的国米》（"Pazza Inter"）更像是一首流行歌曲。
几乎所有球队的队歌都有一句旗帜鲜明的球队代表词，
但是西汉姆联队的队歌——
《我永远在吹泡泡》（"I'm Forever Blowing Bubbles"）却别具一格。

跨时代的巨星们

足球趣味科普

★ 桑巴球王——

贝利

埃德松·阿兰特斯·多·纳西门托

在那个足球运动迅猛发展的年代，贝利就是足球的象征，他打破民族、地区与国家的分界线，成为足坛史上第一位超级巨星。

生日
1940-10-23

身高
173cm

国籍
巴西

出生地
巴西特雷斯科拉松伊斯

3 次
世界杯冠军

1958 年

1962 年

1970 年

进球 **1279 粒**
（吉尼斯纪录数据）

比赛 **1363 次**

号码 **10 号**

吉尼斯
世界纪录
保持者

位置
前锋、前腰

绝技
倒挂金钩

劳伦斯
世界体育奖
终身成就奖

国际足联
荣誉金球奖

国际奥委会
20 世纪最佳运动员

国际足联
百年最佳球员和名人奖

国际足联
20 世纪最佳球员

FIFA

《队报》
世界杯历史最佳球员

贝利的孩童时代伴随着贫穷。
他曾在茶馆打工为家里挣外快。
其父亲曾是职业球员，
受了重伤而退役。
贝利的家庭买不起一个足球，
他的父亲通常用一只塞满报纸的袜
子，或者一个柚子来教他踢球。

试试这个柚子！

也许是足球启蒙阶段的这段经历使其获得了出众的球感，
他在 11 岁被人发掘加入了圣保罗州的巴鲁竞技青年队，
随后又在五人制足球风靡巴西的时候，
带领球队赢得了巴鲁第一届室内足球五人制比赛的冠军。

★ 球王诞生 ★

贝利 15 岁加入巴西著名的桑托斯俱乐部，就此开启了长达 19 年的效力，
期间带领球队拿下了 10 座圣保罗州联赛冠军，
6 座巴西杯冠军，
2 座南美解放者杯冠军，
2 座世俱杯冠军等 25 座冠军奖杯。

不愧是我！

俱乐部生涯是贝利闻名巴西的起点，
而加入国家队则是贝利走向世界，登上历史舞台的关键。
17 岁的贝利随巴西国家队征战 1958 年瑞典世界杯，
打进 6 球一举带领巴西夺冠，
彼时成为世界杯史上最年轻的进球者，就此成为超级巨星。

在 1962 年与 1970 年的世界杯中，
贝利再度带领巴西夺冠，将雷米特金杯收入囊中，
成为唯一一个 3 次夺得世界杯冠军的球员。
在他参赛的每一届世界杯中，他都留下了名垂青史的经典画面，
如连过数人破门、挑球过人抽射等，
至今令人回味无穷。

★ 巴西失去贝利 ★

在职业生涯的后期，
贝利加入美国纽约宇宙队。
1975年6月9日，
贝利与宇宙队在纽约正式签合同，
巴西圣保罗一份报纸的头条标题是：
"6月9日，巴西失去贝利的第一天。"

6月9日，巴西失去贝利的第一天

美国观众对贝利的追捧可以用狂热来形容，
他们以贝利加入宇宙队的时间，将美国足球划为
两个时代——"前贝利时代"与"贝利时代"。
可惜的是，贝利终其一生都没有去到欧洲踢球，
这也成为球迷心中的遗憾。

★ "任加"风格 ★

在讲述贝利传奇人生的电影——《传奇的诞生》（ *Pele: Birth Of A Legend* ）中，
"任加"被视为桑巴足球的起源。
这是当时的人们为了抵御殖民者所创造的，
一种介于武术与艺术的舞蹈。
将"任加"舞运用到足球之中，
是巴西足球的灵魂。

在贝利时代，

巴西人民仍沉浸在"马拉卡纳惨案"的失利中。

巴西足坛将失败的原因归咎于过于自由的"任加"风格。

在反对声越来越多的情况下，贝利作为"任加"流派的代表坚定不移，

最终为巴西捧得世界杯冠军，为桑巴足球正名。经过半个多世纪的演变，

如今我们所熟悉的桑巴足球仍流淌着"任加"的血液，

以内马尔为代表的球员仍在继续传承。眼花缭乱的假动作过人、

天马行空的传球方式、超乎常人的敏捷与速度是巴西球员特有的天赋。

桑巴足球就是最好的！

★ 阿根廷之神——

马拉多纳

迭戈·阿曼多·马拉多纳

马拉多纳是足球史上极具天赋的球员，世界各个角落都有他的球迷。

国籍

阿根廷

出生地

阿根廷布宜诺斯艾利斯

生日

1960-10-30

身高

165cm

进球 **345** 粒

比赛 **679** 次

号码 **10** 号

位置

前锋、前腰

绝技

单骑闯关

国际足联
20 世纪最佳球员

AFA 阿根廷足协
阿根廷史上最佳球员

《442》
历史最佳球员与
世界杯历史最佳球员

国际足联
20 世纪最佳进球

环球足球奖
20 世纪最佳球员

《时代周刊》
世界杯历史最佳球员

★ "糖果盒"里的旷世奇才 ★

马拉多纳与大多数南美球星一样出身贫寒，
8岁时他的天赋就被职业队球探发掘。

？

！

我发现
天才了！

1975年10月30日，
距离15岁还差10天的他完成了阿根廷甲级联赛的首秀。
在阿根廷青年人队效力的5年时间，
马拉多纳3次获得联赛最佳射手称号。
20岁那年他加盟了著名的博卡青年队，
在烟花绚丽的糖果盒球场捧起了联赛冠军奖杯。

★ 征服亚平宁 ★

1982 年，马拉多纳以 500 万英镑的转会费加盟巴萨队，

他对此却不以为然："我的球技是无价的。"

西甲凶悍的球风使得这位年轻气盛的小伙子频频受伤，

他的脚踝甚至被铲断过。

2 年后心灰意冷的马拉多纳离开巴萨。

那不勒斯用 690 万英镑的转会费将其带到了亚平宁半岛，

他抵达的那一天有 7.5 万名球迷在圣保罗球场迎接。

效力那不勒斯期间，

马拉多纳以一己之力带领球队夺得了球队历史上第一座与第二座意甲冠军，

使那不勒斯从一支中游队变为争冠队。

他获得 2 次意甲最佳射手、1 次意甲最佳球员称号，

他身上的个人英雄主义魅力让整个亚平宁疯狂。

1986 年墨西哥世界杯，

26 岁的马拉多纳更加成熟，

1/4 决赛对阵英格兰使他职业生涯的传奇色彩到达顶点。

马拉多纳用手打进一球随后又连过 5 人再进一球，

最终阿根廷以 2 ：1 的比分击败英格兰，

那个手球不但没有被视为犯规，

反而被称作"上帝之手"，

第二粒进球则被评选为"世纪最佳进球"。

"民族英雄"马拉多纳屹立于绿茵之上，
最终带领阿根廷拿下当届世界杯冠军。

"不曾看过马拉多纳踢球，却仍然想念他。"
这是他去世后世人对他的评价，
这充分体现了他的影响力已经超出了足球范畴。

★ 飞奔少校——
普斯卡什
费伦茨·普斯卡什

普斯卡什是那个年代欧洲足坛的传奇人物，他惊艳众人的技术启蒙了欧洲球迷在足球上的艺术审美。匈牙利黄金一代的光辉与他的名字一起名垂青史，宇宙队的传说仍流传于世，人们不会忘记普斯卡什。

生日
1927-04-02

身高
170cm

进球 793 粒

比赛 806 次

国籍
匈牙利
出生地
匈牙利布达佩斯

号码 10 号

位置
前锋、前腰

绝技
金左脚射门、
脚底拉球

欧足联
50 周年
匈牙利最
佳球员

IFFHS 评选
20 世纪世界最佳球员前 10 名

IFFHS 评选
20 世纪最佳射手

IFFHS 评选
20 世纪欧洲最佳球员前 10 名

1954 年
世界杯最佳球员

《队报》
20 世纪欧洲足球先生

★ 飞奔少校 ★

普斯卡什出生在匈牙利首都
布达佩斯的一个中产家庭，
16 岁在家乡球队吉斯佩斯特完成一队首秀。
"飞奔少校"的绰号则是在 1949 年才出现，
匈牙利国防部接管了球队后，
授予了他少校军衔。
在本土联赛效力的 8 年时间，
普斯卡什带领球队拿到了 5 次联赛冠军，
获得 4 次最佳射手称号。
当时匈牙利联赛在欧洲属于顶尖水准。

★ 匈牙利黄金一代 ★

20 世纪 50 年代的匈牙利国家队堪称"梦幻之队"。
普斯卡什是那支全明星阵容球队中最瞩目的明星。
1953 年，他们在英国温布利球场以 6∶3 的比分击败"足球鼻祖"英格兰队，
英格兰队 90 年不败的纪录被打破。

英格兰

WEST GERMANY 3:2 HUNGARY

1954 WORLD CUP, FINAL

1954 年世界杯决赛是普斯卡什一生的遗憾，
匈牙利在领先 2 球的情况下被西德 3 球逆转，
这支神奇之师最终以 2∶3 的比分与冠军失
之交臂，西德成就了"伯尔尼奇迹"。
即便如此，普斯卡什仍旧被评选为当届世界
杯最佳球员。他在匈牙利国家队中
总计出场 84 次，打进 85 球。

★ 皇马传奇 ★

1956 年因历史原因，

迫使普斯卡什无法回国，并被禁赛 2 年。

在普斯卡什 1 年半辗转各国无球可踢时，

皇马最终无视禁令收留了他。

来这里，来这里~

在皇马的 8 个赛季，

普斯卡什带领球队获得 5 次西甲冠军、3 次欧冠冠军，

并获得 4 次联赛最佳射手称号、2 次欧冠最佳射手称号。

1960 年欧冠决赛是他的巅峰之作，

面对德国冠军法兰克福他上演"大四喜"独进 4 球，

至今无人能复刻此壮举。

★ 普斯卡什奖 ★

在那个动荡的年代，普斯卡什错失诸多荣誉，

包括原本属于他的 1960 年"金球奖"。

他甚至不得不改换国籍代表西班牙出战。

如今，"普斯卡什"这个名字每年都被

用来褒奖年度最佳进球。

普斯卡什奖是国际足联为纪念他在 2009

年创立的奖项，每当一粒最佳进球

出现，这个名字就被提及一次。

迪·斯蒂法诺

阿尔弗雷多·迪·斯蒂法诺

生日
1926-07-04

身高
178cm

国籍
阿根廷 西班牙

出生地
阿根廷布宜诺斯艾利斯

进球 **516** 粒

比赛 **706** 次

号码 **9** 号

位置
前锋、前腰

绝技
全能王

2座
欧洲金球奖

UEFA
欧足联 50 周年
西班牙最佳球员

唯一一位
超级金球奖得主

国际足联
20 世纪最佳球员第 2 名

FIFA

欧足联主席奖

既征服南美洲，也征服欧洲，

两片足球沃土因他而紧密相连。

斯蒂法诺是那个时代全球闻名的巨星，

他技术全面，几乎没有短板，位置多变，能攻善守。

他的粉丝马拉多纳就曾表示：

"我最遗憾的是没有提前出生，失去了欣赏斯蒂法诺踢球的机会。"

★ 生于南美洲 ★

20 世纪初掀起了意大利人移民阿根廷的热潮，

斯蒂法诺的父亲便是此时来到阿根廷的。

其父亲经营着农场，为斯蒂法诺创造了优良的成长环境，

并且父亲河床队前锋的身份也使他从小憧憬着成为一名球员。

17 岁加入河床队的斯蒂法诺在 21 岁迎来了第一次爆发。

1947 年他带领河床队赢得联赛冠军并拿下当赛季的金靴奖，

因一头金发获得"金箭头"的美誉；同年他还初次代表

阿根廷参加美洲杯，并赢得冠军。

★ 背井离乡 ★

彼时阿根廷国内足球运动员的薪水低，
俱乐部老板面对球员罢工也不肯退让，
当哥伦比亚的百万富翁队开出丰厚待遇引进斯蒂法诺时，他欣然前往。
为百万富翁队效力的 4 年时间，斯蒂法诺获得 3 座联赛冠军、
2 次最佳射手称号。这一时期他的确成了富翁，生活幸福。

快来快来，
来百万富翁队!
让你变富翁!

★ 振兴皇马 ★

1952 年，百万富翁队受邀参加皇马建队 50 周年友谊赛，
随队的斯蒂法诺没想到这趟西班牙之旅会改变他的命运。
皇马与巴萨都注意到了他在友谊赛中精彩的表现，
一场颇具戏剧性的抢人大战展开，最终胜者是皇马。

我先来的!

明明是我先!

斯蒂法诺刚加盟就带领皇马在时隔 21 年后夺得联赛冠军。
在皇马效力的 11 年里，他在正式比赛中一共打进 308 粒球，
带领球队赢得 8 次西甲冠军、5 次欧冠冠军，
个人拿下 5 次联赛金靴奖。
皇马的伟大始于斯蒂法诺，
传奇的生涯使他成为皇马终身名誉主席。

虽抱憾世界杯，但斯蒂法诺曾披上过 3 个国家的战袍。

早期为阿根廷、哥伦比亚效力，

在加盟皇马后他获得了西班牙国籍为其出战，

可惜的是他没能征战世界杯。

1950 年世界杯阿根廷退赛，

1958 年世界杯西班牙预选赛出局，

1962 年斯蒂法诺因伤无缘赛场。

人生终难全，无缘世界杯成了这位传奇球星最大的遗憾。

★ 外星人——

罗纳尔多

罗纳尔多·路易斯·纳扎里奥·达·利马

罗纳尔多具有过人的足球天赋、过硬的身体素质以及极具视觉冲击力的技术，他在那个众星林立、英雄辈出的时代被称作"外星人"，是继贝利与马拉多纳之后最接近"球王"称号的球员。

国籍
巴西

出生地
巴西里约热内卢

生日
1976-09-18

身高
180cm

进球 **414** 粒

比赛 **616** 次

号码 **9号**

位置
前锋

绝技
钟摆过人

2次
欧洲金球奖

3次
世界足球先生

2002年
世界杯金靴奖

2006年
金足奖

1998年世界杯
最佳球员

1997年IFFHS
世界年度最佳射手

世界杯历史
第2射手

★ 年少横空出世 ★

　　罗纳尔多的童年与大多数南美球星类似，家境贫困、性格内敛。
他在室内 5 人制足球中展现出惊人天赋，14 岁就被当时的巴西乙级球队克
鲁塞罗相中。18 岁之前，罗纳尔多已经在巴西联赛中多次进球。

　　1994 年 8 月，在他即将年满 18 岁之时，
荷兰埃因霍温队以 600 万美元引进这位小将。
登陆欧洲后，他在两年内出场 46 次打进 42 球。

　　1996 年 8 月，西甲豪门球队巴萨用破纪录的转会费 1320 万英镑
将其引进西班牙。他在这里第一次被人们赋予"外星人"的赞誉，
并获得当赛季西甲最佳射手与欧洲最佳射手的称号，
以 20 岁的年龄成为最年轻的"世界足球先生"。

　　次年，国际米兰用 1950 万英镑引进罗纳尔多，他复刻了
马拉多纳两次打破世界转会费纪录的壮举，此时罗纳尔多才 21 岁。

欢迎欢迎，
欢迎来巴萨！

欢迎欢迎，
欢迎来国际米兰！

国家队生涯承载了
罗纳尔多一生中的荣耀时刻。

1994 年仅 17 岁的罗纳尔多就跟随巴西队拿到了美国世界杯的冠军，
彼时他还只是一位坐在替补席看球的新秀。
1998 年法国世界杯，22 岁的罗纳尔多已经成为"桑巴军团"的核心人物，
前一年他刚带领巴西拿到美洲杯冠军。巴西在这届世界杯决赛会师
东道主法国，之前一切对罗纳尔多而言都十分顺利，
但在决赛中他的状态极差，最终巴西 0∶3 大负法国，
没有人知道他发生了什么。

你怎么了？
你清醒一点！

2002 年，
在韩日世界杯中，
他打进 8 球获得最佳射手称号，
最终为巴西成功夺得
第五个世界杯冠军。

自加盟国际米兰后，罗纳尔多便饱受伤病困扰，
这阻碍了他收获更多荣誉。

118

他那令人震撼的
"钟摆式"盘带以及如风一般的奔跑速度，
使其膝盖承受着巨大压力。
但罗纳尔多即使没有诸多俱乐部荣誉，
人们仍愿将其位列传奇殿堂，
只因那一刻巅峰太令人震撼。

★ 主席——

普拉蒂尼

米歇尔·普拉蒂尼

普拉蒂尼在球场上是一位优雅的指挥家，精准的长传与任意球绝技使他能决胜于千里之外，他不需要冲锋在最前阵也拥有很高的得分效率。相比与人缠斗，他更擅长用头脑解决问题，退役后从政当选欧足联主席。

国籍
法国

出生地
法国洛林

生日
1955-06-21

身高
178cm

位置
中场

绝技
任意球、长传

进球 **353** 粒

比赛 **652** 次

号码 **10** 号

第一位
入选意大利足球
名人堂的外籍球员

欧洲杯
历史最佳射手

《法国足球》
法国 20 世纪最佳球员

1984 年欧洲杯
最佳射手

1984 年欧洲杯
最佳球员

1991 年《世界足球》
世界最佳教练

3 次
欧洲金球奖

普拉蒂尼是一位意大利裔法国人，

得益于父亲是法国南锡队的教练，

他从小便加入南锡职业梯队接受训练。

由于自幼体型单薄且身体羸弱，

小普拉蒂尼每逢训练结束都要苦练任意球，

以此弥补自身在对抗与奔跑上的劣势。

18 岁时普拉蒂尼开始在南锡队崭露头角，

即使这是一支饱受降级困扰的弱旅，

他依旧在 4 年后带领南锡队出人意料地拿到了 1978 年的法国杯冠军。

他的进球大多数为任意球直接破门，

众人为这位年轻人冠以"任意球大师"的称号。

获得称号：任意球大师

★ 历经坎坷 ★

1978 年在阿根廷，23 岁的普拉蒂尼迎来了人生中第一届世界杯，

这也是法国自 1966 年后首次进入大赛。

法国队与法甲一样经历了长期的沉沦，

普拉蒂尼被寄予了复兴法国足球的厚望。

加油！加油！就看你的了！

然而法国队仅在小组赛就惨遭出局。
1979 年心灰意冷的普拉蒂尼转会法甲豪门球队圣艾蒂安，
在那里度过 3 年，带领球队拿下 1 个联赛冠军，
并未收获欧洲大赛荣誉。

太让人失望了！

★ 意甲封王 ★

1982 年是他成为历史巨星的重大转折点。在世界杯半决赛中，
法国队在西班牙塞维利亚被西德队淘汰，
此刻 27 岁的他在那年夏天过后做出了一个重要决定，
前往亚平宁尤文图斯队，在黄金年龄出山闯荡。

那个夏天一同前往意甲的还有马拉多纳，
在联赛中，普拉蒂尼担任球队的中场指挥官，
连续 3 年获得意甲最佳射手称号以及欧洲金球奖，
2 次带领尤文图斯队称霸亚平宁，
并一举夺得欧洲冠军杯与欧洲优胜者杯冠军。
1984 年欧洲杯，普拉蒂尼在 5 场比赛中打进 9 球，
在家门口捧得冠军，至今仍保留着
单届欧洲杯进球纪录，法国队因他而走向复兴。

★ 大脑比双脚更出色 ★

退役后，普拉蒂尼利用球员时代累积下的财富创业经商，
精明的头脑使其大获成功，旗下公司涉及服装、电器等行业。
他摇身一变成了优秀的企业家，
凭借丰富的管理经验加上足坛颇高的名望，
他在 2007 年当选欧足联主席。

克鲁伊夫

约翰·克鲁伊夫

作为一名球员，克鲁伊夫能胜任球场任何位置，是一位全才，是荷兰足球创造"全攻全守"战术的关键人物。退役后作为一名教练，克鲁伊夫是巴萨队形成"tiki taka"战术风格的关键人物，为现代足球战术发展做出了巨大的贡献。

生日
1947-04-25

身高
176cm

国籍
荷兰

出生地
荷兰阿姆斯特丹

进球 **435** 粒

比赛 **750** 次

号码 **14** 号

位置
前锋、前腰

绝技
克鲁伊夫转身

3 次
欧洲金球奖

1974 年世界杯
最佳球员

IFFHS
20 世纪欧洲最佳球员

劳伦斯
世界体育奖
终身成就奖

《世界足球》
20 世纪百大球星
第 3 名

IFFHS
20 世纪世界最佳球员第 2 名

劳伦斯
世界体育奖
体育精神奖

《法国足球》
20 世纪百大球星
第 3 名

也许是年幼身体瘦弱使得克鲁伊夫的技术和对足球的理解与众不同，

他巧用速度与盘带上的天赋被阿贾克斯俱乐部发掘。

1965 年 1 月，在他 17 岁签订第一份职业合同的 2 个月后，

一位叫里努斯·米歇尔斯的荷兰教练带来了全攻全守的足球理念，

克鲁伊夫快速适应了这种高强度、全员参与进攻防守的划时代战术理念，

并在日后担任其中重要的枢纽——攻防转换的核心人物。

哇!

124

★ 惊艳荷兰，雄霸欧洲 ★

克鲁伊夫在阿贾克斯出道即迎来巅峰，与米歇尔斯

合作的前 6 年，克鲁伊夫当赛季便带领上赛季第 13 名的球队夺冠，

个人平均每赛季进球数超过 20 粒。

1971 年，24 岁的克鲁伊夫登上欧洲之巅，

阿贾克斯夺得历史上首座欧冠冠军，

他也收获首个欧洲金球奖。

此后 2 年他带领阿贾克斯创下继皇马之后再获欧冠 3 连冠的纪录。

难以置信!

我们再也不是 13 线球队了!

在阿贾克斯的前 10 个赛季，
他带领球队一共获得 6 个联
赛冠军、3 次欧冠冠军，
荣获 2 次欧洲金球奖、
2 次联赛最佳射手称号、
3 次年度最佳球员称号。

★ 转身与飞翔 ★

1973 年，克鲁伊夫迎
来职业生涯的转变，
被巴萨以破转会费
纪录的方式引进。

巴萨这笔投资在第一年便得到回报。
巴萨在克鲁伊夫加入后时隔 14 年重夺联赛冠军，
克鲁伊夫再拿下一座欧洲金球奖，成为足坛首位坐拥 3 座金球奖的球员。
1974 年世界杯是克鲁伊夫唯一参加的一届世界杯，
他在对阵瑞典的比赛中施展了一个绝妙且极具欺骗性的扣球动作，
这招被当即命名为 "克鲁伊夫转身"。

在之后对阵巴西的比赛中，克鲁伊夫打进一粒飞身垫射球，
又得名 "飞翔的荷兰人"，可惜荷兰在最后的决赛中败于西德，
为日后 "无冕之王" 的称号增添一笔史料。
但克鲁伊夫仍获评那届世界杯最佳球员。

★ 成为教练 ★

即使球员时代无比闪耀，
也只是克鲁伊夫精彩人生的
一小部分，
退役后从事教练工作，使他真正
迈入足坛历史圣殿，在足坛成为
一位殿堂级人物。

1985 年他成为阿贾克斯教练正式开启执教生涯。
他将球员时代学到的全攻全守战术融入执教理念，
为日后进军巴萨主教练岗位并开创
"tiki taka" 传控理念打下了基础。

我就知道你一定会回来！

1988 年，克鲁伊夫加入巴萨队，力主改造拉玛西亚青训营
（这里培养了梅西、伊涅斯塔、哈维等人）。
克鲁伊夫到队后主导了转会，亲手为巴萨打造了"梦一队"，
带领球队拿下四个联赛冠军与一个欧冠冠军。其手下的中场核心球员
瓜迪奥拉继承衣钵，当今已是传控足球的一代大师。
除此之外还有无数受到克鲁伊夫启发的足球教练传承着他的思想，
可见他对足坛做出的巨大贡献。

LA MASIA

★ 轰炸机——

盖德·穆勒

盖德·穆勒

盖德·穆勒具备一名中锋必需的所有素质，无论在任何位置，他都能有效利用身体各部位将球打进。在职业生涯中，他获奖无数，此外他是一位超级大满贯选手。

生日
1945-11-03

身高
176cm

国籍
德国

出生地
德国慕尼黑诺林根

进球 722 粒

位置
中锋

绝技
头球

比赛 778 次

号码 9 号

1970 年
欧洲金球奖

1970 年世界杯
最佳射手

2 次
德国足球先生

德甲 40 年
最佳球员

2 次
欧洲金靴奖

1 次
欧洲杯最佳射手

★ 小胖子 ★

盖德·穆勒在少年时代并未展现出一位足球运动员的天赋，
他发育得较快，用足球运动员的标准来衡量有点微胖。
19 岁之前，他都效力于本地球队 TSV-1861 诺林根。
1964 年，"小胖子"穆勒加盟了尚在德乙联赛的拜仁慕尼黑，
到队之初队友普遍认为他身材不达标。

在苦坐了 10 场冷板凳后，
盖德·穆勒最终以 26 场
33 球的成绩帮助拜仁慕尼
黑闯入德甲，一鸣惊人。

★ 纪录之王 ★

"轰炸机"的绰号来源于盖德·穆勒最擅长的得分方式——头球。
在效力拜仁慕尼黑的 15 个赛季里，盖德·穆勒每赛季都是队内最佳射手，
共拿下 7 次联赛金靴奖。

GOAL

1972 年，盖德·穆勒共打进 85 球，这项年度进球纪录直到 40 年后才由梅西打破。他还以 365 球保持德甲历史进球纪录，在拜仁慕尼黑共打进 566 球，位列队史第一射手。

打破我纪录的人还没出生呢！

★ 全满贯 ★

几乎所有职业球员都眼馋盖德·穆勒奖杯柜里的荣誉，

他的"大满贯"伟业震古烁今。

德国国内赛事全部被他拿下，

欧洲两大杯赛优胜者杯与欧冠也被他收入囊中，

两项顶级赛事欧洲杯与世界杯冠军被他包揽，

而且在他所参与的赛事中，他都拿到过最佳射手的称号。

他甚至在 29 岁时因拿到所有荣誉而感到索然无味，从国家队隐退。

集齐所有荣誉，足坛百余年至今无人能出其右。

这些就是盖德·穆勒在足坛成为殿堂级人物的佐证。

唉！无敌真是寂寞。

★ 足球"皇帝"——
贝肯鲍尔

弗朗茨·贝肯鲍尔

举手投足间尽显领袖气质，这就是贝肯鲍尔。球场上他作为自由人的鼻祖纵横四方，无论在任何位置他都能发挥出自身实力。球场下指挥王者之师挥斥方遒，与足球相关的方方面面，他都扮演着完美角色。

生日
1945-09-11

身高
181cm

国籍
德国
出生地
德国慕尼黑

位置
后卫
绝技
外脚背技术

进球 **112** 粒

比赛 **857** 次

号码 **4号、5号**

2次
欧洲金球奖

劳伦斯
世界体育奖
终身成就奖

 IFFHS
1956—1990 欧洲
最佳球员

国际足联
主席奖

4次
德国足球先生

FIFA 国际足联
百年最佳球员
与名人奖

欧足联
主席奖

贝肯鲍尔出生于慕尼黑，

父亲虽然并不支持他成为职业球员，

但他还是坚持并在 1959 年加入拜仁慕尼黑青年队，

那时他还是一个中锋。

去了你就
别回来了！

1964 年，

盖德·穆勒加入球队与贝肯鲍尔一同带领拜仁慕尼黑闯入德甲，

在这个赛季他从一位左边锋转变为中场甚至一名中后卫。

1968/69 赛季初，贝肯鲍尔正式被任命拜仁慕尼黑的队长，

著名的"自由人"踢法由此诞生，

拜仁在这一年带领球队拿到了队史上第一个顶级联赛冠军。

在拜仁慕尼黑效力的 13 个赛季，他率队拿到 4 个顶级联赛冠军，

最傲人的成绩在欧洲赛场。

1974—1976 年他与盖德·穆勒一同带领拜仁慕尼黑创下欧冠 3 连冠纪录，

拜仁慕尼黑成为历史上第 3 支拥有此成绩的球队。

贝肯鲍尔无论在拜仁慕尼黑还是在西德，扮演的都是自由人的角色，

名义上他是中卫，实则在球场上任何位置都能看到他的身影。

强大的个人能力与大局观使其能眼观六路、耳听八方，

并且他还拥有开山辟路式的盘带能力。

因贝肯鲍尔全场跑动，拥有他的球队往往在球场局部区域会比对手多一人，

这给当时足坛带来相当大的冲击力，

而后克鲁伊夫的前场自由人与贝肯鲍尔后场自由人相互配合，

开启了那个时代围绕单个球员的战术革新。

132

贝肯鲍尔本职是一名后卫，

1972 年他成了史上第一位获得金球奖的后卫，

1976 年他再次荣膺金球奖。

贝肯鲍尔在职业生涯中共 10 次入选金球奖前五。

退役之后贝肯鲍尔于 1984 年担任西德主帅，
在 1986 年作为主帅率队第一次出征世界杯就获得了亚军，
决赛中遇到阿根廷，以 1 球劣势落败。
在 1990 年意大利世界杯中，
贝肯鲍尔所率球队在决赛中又遇上了阿根廷并取得了胜利，
他也成为第二位作为球员和教练都夺得过世界杯冠军的传奇人物。

133

在离开教练岗位后，贝肯鲍尔一直在拜仁慕尼黑任职，
并作为德国足协副主席为德国成功申办了 2006 年世界杯。

★ 爵士——

博比 · 查尔顿

博比·查尔顿

博比·查尔顿，历经慕尼黑空难后率队于灰烬中涅槃重生，职业生涯终老一队一城，集英式足球精华于一身，以远射与长传调度见长，同时具备优秀的盘带能力，他代表了英格兰足球的精神——忠诚、有风度与永不言弃。

134

📍 国籍
英国

📍 出生地
英格兰诺森伯兰郡阿欣顿市

生日
1937-10-11

身高
173cm

进球 **309** 粒

比赛 **913** 次

号码 **10** 号

位置
前锋、中场

绝技
远射

1966 年
欧洲金球奖

欧足联主席奖

1966 年
世界杯最佳球员

劳伦斯
世界体育奖
终身成就奖

★ 巴斯比宝贝 ★

幼年博比·查尔顿追随哥哥的
脚步成为一名职业球员，
17岁加入曼联队青训。
时任曼联主帅马特·巴斯比爵士从
青年队选拔了一批天赋异禀的球员进入一
线队，博比很幸运成为其中一员，
这些球员被亲切地称为"巴斯比宝贝"。

就你了！

起初，博比并未展现出领导
"巴斯比宝贝"的天赋，
队中真正的天才是仅比他年长一岁的
前锋——邓肯·爱德华兹。
他们一同代表曼联第一次参加欧冠
便闯入4强，在国内联赛中也夺得了
冠军，一时风头无两。

★ 慕尼黑空难 ★

如果没有那一场空难，
曼联与英格兰队将会更早闪耀于世界。
1958年2月如日中天的曼联队在进行完对阵贝尔格莱德红星的欧冠比赛后，
返程途中遭遇飞机起飞事故，
包括邓肯·爱德华兹在内的8位一线队员在这场灾难中不幸过世。

年仅 20 岁的博比与巴斯比爵士
作为灾难中的幸存者，
肩负起重建损失过半主力的
曼联队的重任。
目睹挚友遇难给
博比造成极大的打击，
从此萦绕在他心中的目标只有一个。

★ 凤凰涅槃 ★

遭遇灾难后，曼联东拼西凑起来的阵容经
历了 5 年蛰伏，
博比·查尔顿被巴斯比当作球队核心。

谁也没有预料到曼联的重新崛起如此迅速。
始终没有忘记自身肩负的特殊使命，
终于在 1963 年温布利球场内，
博比为曼联拿下足总杯冠军。
这是空难后第一个冠军奖杯。
1964/65 赛季，曼联时隔 8 年重夺英甲冠军。

1966 年，英格兰队在本土举办的世界杯中壮志凌云，
博比·查尔顿与担任后卫的哥哥杰克·查尔顿一同代表英格兰杀入决赛，
击败西德举起至今为止英格兰的唯一一个世界杯冠军奖杯，
他也在当年成为历史第二位拿到金球奖的英格兰球员。

★ 一生红魔 ★

1968 年 5 月，
博比·查尔顿领衔曼联击败葡萄牙本菲卡，
夺得了欧冠奖杯，告慰遇难者们，
赛后博比泪洒绿茵，割破手指将鲜血滴入奖杯中，
奖杯被举起 8 次，每一名遇难者的名字都从全场球迷的口中传出，
此情此景令人涕零。

博比·查尔顿一共在曼联效力 17 个赛季，
从未生二心，带领曼联一共获得 3 次联赛冠军、
1 次足总杯冠军和 1 次欧冠冠军，
一片赤诚忠心，实属足坛典范。

★ 亚平宁王子——

罗伯托·巴乔

罗伯托·巴乔

他是优雅的球场诗人，浪漫主义足球的化身，亚平宁半岛的狂放与不羁深深地刻在他的骨子里。但凡见过巴乔在球场上的身姿，都会被那婉约派的球风迷住。而他职业生涯的悲情色彩，又不得不令人心生爱怜。

生日
1967-02-18

身高
174cm

号码 10 号

国籍
意大利

出生地
意大利威内托大区
维琴察省卡尔多尼奥镇

进球 **347** 粒

比赛 **699** 次

位置
前锋、前腰

绝技
**任意球、
蝴蝶穿花式过人**

1993 年
欧洲金球奖

1994 年
世界杯银靴奖

1993 年
世界足球先生

意大利足球
名人堂

意大利体育名人堂

巴乔的足球生涯开始于家乡球队卡尔多尼奥俱乐部，

他凭借出色的表现，很快被维琴察队相中，

并在青年队不断显露非凡天赋。

为维琴察一线队征战意丙时，他才 15 岁。

你看看别人家的孩子。

1985 年 5 月，18 岁的巴乔站在了人生的第一个十字路口，

维琴察清楚地知道自己吸引不了巴乔这样的天才球员，

意甲的佛罗伦萨已经向其抛出橄榄枝。

可命运却向他开了一个玩笑，

巴乔在与佛罗伦萨的转会协议正式敲定的两天前，

在维琴察的最后一场比赛中遭遇膝关节交叉韧带与半月板重伤，

这甚至影响着他还能否进行职业足球活动。

幸运的是，佛罗伦萨坚持引进巴乔，

并为其提供了手术资金。在新东家给予的支持下，

巴乔历经 18 个月养伤，顽强地重回赛场。

别担心，我们会帮你治好的！

加油哦！比完赛我们签约！

1990 年是巴乔开始崭露头角的年份,
佛罗伦萨在他的带领下进入了联盟杯决赛,
可惜憾负尤文图斯。在盛夏的意大利世界杯中,
时年 23 岁的巴乔作为替补被征召入队,
他在为数不多的出场时间里数次扮演了关键角色,
最终帮助意大利取得季军。

冲呀!

那个夏天过后,他被尤文图斯打破转会纪录的 800 万英镑引进,
并荣膺 1990 年度欧洲最佳新秀奖。
巴乔在尤文图斯效力至 1995 年,期间他带领球队夺下欧洲联盟杯冠军、
意甲冠军以及意大利杯冠军,而在 1993 年他更是包揽了
"欧洲金球奖"与"世界足球先生"两项足坛至高无上的个人奖项。
这位具备颜值、球技,扎着马尾辫意气风发的
意大利少年成为全民偶像。

★ 忧郁王子梦碎 ★

出征 1994 年的美国世界杯前，

朝着超级巨星方向迈进的巴乔不曾想到，

一个背影将成为贯穿他一生的写照。

在决赛之前，巴乔接连在 3 场淘汰赛中踢进了关键的一球，

带领意大利与巴西会师决赛。当双方鏖战

120 分钟都未分胜负之际，残酷的点球大战来了。

此前巴乔在点球中总是一击制胜，

距离登上世界杯舞台只差一步，

命运却再次与巴乔开了玩笑，他罚失了点球。

而后其落寞沮丧的背影被摄像机记录下，

万千球迷此刻为他遗憾、为他落泪。

这一刻之后，巴乔的人生轨迹发生了巨变。

在此后无论效力 AC 米兰、国际米兰还是在意大利国家队中，

他都未受重用，再也无法重现 1994 年之前的高光时刻。

就这样，一位本应获得更多荣誉的传奇巨星，

以意大利悲情咏叹调的方式，

谱写出一篇名为"忧郁王子"的乐谱。

★ 天外飞仙——
齐达内

齐内丁·亚兹德·齐达内

齐达内是一位优秀的中场大师，盘带时举手投足间优雅轻盈却令人难以捉摸，即使出生在群星璀璨的时代，仍旧独领风骚。

生日
1972-06-23

身高
185cm

国籍
法国

出生地
法国马赛

位置
前腰

绝技
马赛回旋、
"天外飞仙"

进球 **156** 粒

比赛 **803** 次

号码 **10** 号

1998 年
欧洲金球奖

2006 年世界杯
最佳球员

2 次
法国足球先生

3 次
世界足球先生

《法国足球》
20 世纪最佳法国球员第 2 名

2002 年欧足联
最佳球员

2017 年国际足联
年度最佳主帅

欧足联 50 周年
最佳欧洲球员

劳伦斯
世界体育奖
终身成就奖

《法国足球》
2 次年度最佳法国主帅

齐达内的父母由阿尔及利亚移民到法国，

他在马赛出生、长大，出道于戛纳俱乐部，

在戛纳降级后他转投波尔多，一直踢到 23 岁。

1995 年齐达内在波尔多晋级欧洲联盟杯决赛的过程中扮演了重要角色，

1 年后被尤文图斯挖掘，开启 5 年传奇般的职业生涯。

齐达内带领尤文图斯拿下 2 个意甲冠军，

同时夺取 3 项洲际赛事奖杯，数次被评选为意甲最佳外援球员。

1998 年法国世界杯，齐达内在决赛中用 2 粒头球击溃巴西，

帮助法国捧起历史第一座世界杯冠军。这一年他迎来了职业生涯的巅峰，

包揽"欧洲金球奖""世界足球先生"等各项年度个人大奖。

2000 年欧洲杯，齐达内再次带领法国夺冠，

他凭借优异表现当选当届欧洲杯最佳球员。

★ "天外飞仙" ★

2001 年，齐达内被皇马以破纪录的转会费引进，
与众多巨星组成"银河战舰一期"。在皇马的第一年他便拿下欧冠冠军，
决赛对阵勒沃库森，他侧身完成一记被称作"天外飞仙"的凌空抽射，
堪称欧冠历史上的最佳进球之一。

次年他又与罗纳尔多一起帮助皇马
重夺联赛冠军。
可惜在 2002 年的韩日世界杯中，
齐达内因伤无缘前往两场小组赛，
法国队作为上届冠军最终意外地
小组出局。

什么？

法国

那个……小组赛
出局了。

★ 世界杯被罚下 ★

我想退休啊！

法国

再……再上一场吧？

2004 年欧洲杯后，齐达内原本已在国家队
萌生退意，无奈因法国队预选赛成绩糟糕，
他不得不复出征战至 2006 年世界杯结束。

34 岁的齐达内在这届赛事贡献了他的最后之舞，

一路带领法国闯入决赛，与意大利争夺冠军。

双方鏖战至加时赛也未分胜负，

眼看要进入点球大战。

齐达内在与对方后卫马特拉齐争吵后使用头槌撞击，

而后被红牌罚下，最后意大利在点球大战中取胜。

这一幕成了世界杯经典画面，

即便如此他仍然获评 2006 年世界杯最佳球员。

★ 绝代双骄——

梅西

利昂内尔·安德烈斯·梅西·库西蒂尼

梅西与 C 罗二人年龄相仿，互为对手，共同包揽金球奖长达十年，拥有经天纬地之才，可谓一时瑜亮。他们携手创造了一个时代，在竞争中惺惺相惜。

生日
1987-06-24

身高
170cm

号码 **10 号**

国籍
阿根廷

出生地
阿根廷圣菲省罗萨里奥

位置
前锋

绝技
**盘带、
变向过人**

7 次
金球奖

欧足联
3 次年度最佳球员

6 次
欧洲金靴奖

2014 年世界杯
最佳球员

2012 年年度
单一年份最多进球者
（91 球）

劳伦斯
世界体育奖
最佳运动员

6 次
世界足球先生

《442》
足球历史第 1 人

★ 绝代双骄——

C 罗

克里斯蒂亚诺·罗纳尔多·多斯·桑托斯·阿韦罗

📍 国籍
葡萄牙

📍 出生地

葡萄牙马德拉岛丰沙尔

🎂 生日
1985-02-05

🏃 身高
187cm

👕 号码 **7号**

位置

前锋

绝技

"踩单车"、电梯球

 历史第 2 射手

5 次
金球奖

🏆 环球足球奖
2001—2020 年世纪最佳球员

 欧洲杯
历史第 1 射手

4 次
欧洲金靴奖

欧足联
4 次年度最佳球员

5 次
世界足球先生

欧冠历史第 1 射手

医生您看……

梅西出生于阿根廷罗萨里奥，
小时候患有生长激素缺乏性侏儒症，
身材明显比同龄人矮小。

在父亲苦苦寻求治疗费用的过程中，
西班牙巴萨的拉玛西亚青训营
签下了梅西并为其提供治疗，
那张著名的草签合同是在一张餐巾纸上
签订的。

149

梅西以"小跳蚤"的名号在巴萨活跃。
凭借过人的天赋，梅西在巴萨逐渐成长为当家球星，
自 2004 年 17 岁完成首秀以来，
共带领球队拿下 10 个西甲冠军、
4 个欧冠冠军，并获得 8 次西甲最佳射手称号。

2021 年他被迫离
开巴萨，
为巴黎圣日耳曼
效力。

C 罗来自葡萄牙马德拉岛，
那是欧洲人的旅游胜地。
从小他就背井离乡前往首都里斯本踢球，
独自在外塑造了 C 罗要强的个性，
他不断训练，打磨自己的技术，
最终在一场友谊赛中被曼联发掘。

150

时任主帅弗格森邀请了这位身材
瘦高但技术花哨的小伙子加盟。
C 罗在 18 岁前往英格兰，
为了适应英格兰联赛的激烈对抗，
他整天沉浸在健身房与训练中以
增强体格。

2003—2009 年，
C 罗带领曼联拿下 3 个英超冠军、
1 个欧冠冠军。
2009 年皇马贯彻巨星政策，
以破纪录的 8000 万英镑转会费引
进 C 罗，从此以 C 罗与梅西
为代表的西甲双雄——
皇马与巴萨正式开始争霸足坛。

两人的风格像一块硬币的正反面，
梅西天赋异禀，盘带、控球能力超群，
人球合一随心所欲，为人低调内敛。
C 罗冲击力极强，
他将身体力量与技术完美结合，
射门势大力沉，个性乖张。

C 罗效力皇马期间，带领球队拿下 2 个西甲冠军、4 个欧冠冠军，
带领皇马在欧冠改制后创下 3 连冠的纪录。
2018 年 C 罗加盟尤文图斯，
绝代双骄的直接对决就此告一段落。

★ "梅罗"金球时代 ★

讨论绝代双骄——梅西与 C 罗，无法绕开的话题是金球奖之争，
这是当今足坛评判年度最佳球员的权威奖项。
自 1995 年由评选范围仅为欧洲籍球员改制为欧洲俱乐部的效力者后，
金球奖成为足坛影响力最大的个人奖项。
在改制之前，克鲁伊夫、普拉蒂尼以及范巴斯滕分别 3 次获奖且并列最多。
改制之后含金量变高，除去 C 罗与梅西外，
巴西的罗纳尔多是唯一获得 2 次该奖项的球员，
而梅西获得了 7 次该奖项，C 罗获得了 5 次金球奖。
两人甚至不可思议般地垄断 2008 年至 2017 年 10 年的金球奖。

至今两人仍以极高的职业素养且保持着同
年龄段过人的竞技水平，成为金球奖常客，
唯一遗憾的是他们都没有带领国家队夺得
世界杯冠军。

★ "花花公子" ——

乔治·贝斯特

乔治·贝斯特

足坛从不缺少"帅哥"，关于"帅"的定义那是萝卜白菜各有所爱，恰巧都来自英国的两代巨星引领了同时代足坛的审美，他们球技超群，潇洒英姿更是吸引了无数球迷，可谓陌上人如玉，君子世无双。

生日
1946-05-22

身高
175cm

国籍
英国

出生地
北爱尔兰贝尔法斯特

号码 7 号

进球 260 粒

比赛 724 次

位置
前锋

绝技
扣球过人

1968 年英格兰
足球记者协会
足球先生

1968 年
欧洲金球奖

FIFA

入选 FIFA 名人堂

152

★ "花花公子" —

贝克汉姆

大卫·贝克汉姆

生日
1975-05-02

身高
183cm

国籍
英国

出生地
英格兰伦敦

号码 7号

进球 146 粒

比赛 234 次

位置
中场

绝技
贝氏弧线

1999 年
欧洲金球奖
第 2 名

2003 年英格兰
年度最佳球员

1999 年与
2001 年
世界足球先生第 2 名

1998/99
赛季欧足联
俱乐部最佳球员

153

★ 披头士第五名成员 ★

20 世纪 60 年代，年轻人崇尚叛逆，

乔治·贝斯特成长于这样的时代。

他在北爱尔兰出生，很早便加入了曼联青训，

18 岁就在曼联成为主力，

是球队历经"慕尼黑空难"后重点培养的年轻一代球员。

19 岁那年他为曼联重夺空难后首座联赛冠军，

1968 年，他与博比·查尔顿、丹尼斯·劳组成举世闻名的"神圣三杰"。

博比·查尔顿　乔治·贝斯特　丹尼斯·劳

神圣 三杰

1968/69 赛季，

他带领球队一举夺得欧冠冠军，

22 岁的他成为当时最年轻的金球奖得主。

1963 年至 1974 年，

乔治·贝斯特共代表曼联出场 470 次，

打进 179 球，排名队史射手榜第 5 位，

他的球风潇洒，擅长盘带过人，

球感极佳。

披头士乐队掀起的英伦摇滚文化潮流彼时正席卷全球，

乔治·贝斯特留着酷似披头士乐队成员的发型，

俨然一幅"花花公子"的不羁模样，光凭颜值便能走在

时尚前沿，是当时"英伦足球文化"的一张名片，

因此他被戏称为披头士的第五名成员。

★ 万人迷 ★

对贝克汉姆最大的误解便是颜值高过球技。
1996 年，21 岁的贝克汉姆首度征战英超，
他的黄金右脚第一次现世，
在对温布尔登队的比赛中距离球门 60 米的
位置起脚吊射进球。
在那个阳光明媚的下午，这位金发少年深
深地被人们记住。

光凭帅气，贝克汉姆远达不到如今的影响力。
1999 年带领曼联夺得联赛、足总杯以及欧冠三座冠军奖杯是贝克汉姆的
高光时刻，他为曼联效力期间，球队一共拿下 6 个英超冠军。

2003 年皇马将贝克汉姆视为"银河战舰一期"的重要球员引进，
此时他成为英格兰队队长，他的"贝氏弧线"任意球绝技，
还有指哪儿打哪儿的传中技法独一无二。
职业生涯后期，贝克汉姆辗转美国职业大联盟与法甲，
成为首位在 4 个国家拿到冠军的英国球员。

★ 未来之星——

姆巴佩

基利安·姆巴佩

姆巴佩在 19 岁时以主力球员的身份带领球队获得世界杯冠军，他以过人的天赋、势不可当的速度征服各大众星云集的欧陆豪门球队，被顶级球队争相抢夺，成为继梅西、C 罗后有实力与潜力的接班人。

生日
1998-12-20

身高
178cm

国籍
法国

出生地
法国巴黎

号码 **10 号**

位置
前锋

绝技
"马踏流星"

2017 年
欧洲金童奖

《法国足球》
科帕奖

2018 年
法国足球先生

2018 俄罗斯世界杯
最佳新秀

★ "神龟"出道 ★

姆巴佩出身体育世家，从事体育事业的父母遗传了他优秀的基因，

他的天赋从小便展露无遗。

年仅 11 岁的他便加入法国著名的"克莱枫丹"青训营，

那里堪称法国足球的黄埔军校，培养了无数人才。

姆巴佩将 C 罗视为自己的偶像，房间里贴满了他的

海报，畅想未来成为顶级巨星。

2015 年 12 月，姆巴佩在法甲摩纳哥队表演首秀，

以 16 岁 347 天创下俱乐部队史上最年轻的登场纪录。

2 年后的欧冠赛场，摩纳哥队闯入杀入四强，

欧洲足坛被这位 18 岁小将惊艳。

2017 年夏天，他以 1.8 亿欧元转会巴黎圣日耳曼，

由于长相酷似"忍者神龟"，他以"神龟"绰号出道。

转会巴黎圣日耳曼后，姆巴佩的职业生涯仿佛按下加速键，
他分别于 2017 年、2018 年拿下象征最有潜力年轻球员的欧洲金童奖与
《法国足球》设立的首届"科帕奖"，并在 2019 年获得当赛季法甲金靴奖。
他以超乎其年龄的成熟，在群星璀璨的巴黎圣日耳曼闪耀无比。

2018 年夏天，姆巴佩跟随法国队出征俄罗斯世界杯，
那年他 19 岁，法国队派出了最强的队员，
他则是这支队伍的中流砥柱。
在八分之一决赛中，法国队对决梅西领衔的阿根廷队，
姆巴佩制造 1 粒点球，打进 2 球，
法国队以 4：3 的比分击败阿根廷队。

最后在对阵克罗地亚的决赛中，姆巴佩为法国再次进球，
以当届世界杯最佳新秀的身份捧起大力神杯，
带领球队夺得 2018 年世界杯冠军。

★ 追梦卡塔尔 ★

当今足坛才俊林立，
姆巴佩年纪轻轻便将绝代双骄梦寐以求的
世界杯冠军收入囊中。
他是时代翘楚，未来有望成为超级球星。

这是天生的巨星！

2022 年卡塔尔世界杯，法国队仍有极强的冠军竞争力，
目前历史上只有 2 支卫冕过世界杯冠军的球队
（意大利队在 1934 年、1938 年夺冠，巴西队在 1958 年、1962 年夺冠）。
与此同时他的俱乐部生涯或许也在今年发生转折，
皇马已苦苦追寻姆巴佩许久，西甲是蜕变成王者的
最佳修炼场，未来在等待着他征服。

场边的操盘手——教练

足球趣味科普

扎加洛

马里奥·扎加洛

🎂
生日
1931/08/09

📍 国籍
巴西
📍 出生地
巴西阿拉戈阿斯

🏃

主要执教经历

巴西

巴西国家队
主教练
1966—1968 年
1970—1974 年
1994—1998 年

巴西

巴西国家队
助理教练及顾问
1991—1994 年
2002 年
2003—2006 年

唯一一位带领球队获得 4 次世
界杯冠军的传奇人物

162

巴西共 5 次夺得世界杯冠军，单就荣誉
而言便足以傲视足坛。铸就桑巴王朝，
将巴西足球推向足坛历史第一的英雄无数，
太多熟悉的球星于球迷眼中数如家珍，
但有一人，为巴西每次夺冠都做出巨大贡献，
串联整个桑巴王朝的兴起，刻下冠军之师的
战术风格烙印，他是马里奥·扎加洛，
他是巴西足坛不得不顶礼膜拜的灵魂人物。

扎加洛的身材并不高大，在巴西队出任
左边锋与内锋。1958 年瑞典世界杯，
扎加洛与贝利、小鸟加林查组成进攻小队。

扎加洛　　贝利　　小鸟加林查

如今人们仍记得那届决赛中贝利用一记挑球过人招数攻破瑞典队，
实际上扎加洛也在那场比赛中单刀破门，并为贝利助攻。

1962 年智利世界杯，扎加洛作为巴西队队长

带领球队夺得世界杯冠军奖杯，球员生涯到此已非常成功。

他的球风务实，经常以锋线身份参与防守，

与贝利所代表的华丽桑巴风格不同。

在 1970 年墨西哥世界杯中，扎加洛以主教练身份带领巴西队征战，

注重防守与进攻质量、以取胜为目的是巴西队的理念。

即便巴西对这支国家队极为陌生，

批评其违背传统之声连绵不绝，

这支球队仍然夺得当届世界杯冠军。

这不是我认识的巴西队。

能夺冠就行，要什么自行车。

我变秃了，也变强了……

扎加洛由此成为作为主教练与球员
都带领球队获得过世界杯冠军的
历史第一人。

即便扎加洛为巴西带来无数荣誉，
巴西球迷始终无法认同他的不激情、
务实的球风，在他带领的球队在 1974
年世界杯中输给荷兰后，
他卸任巴西主帅职务。
1994 年，扎加洛再度出山，
作为助理教练辅佐时任主帅佩雷拉。

欢迎回来！

好想你！

巴西

巴西队时隔 24 年重新获得世界杯冠军，
世界足球的目标重新聚焦于巴西。扎加洛由此成为
唯一一位带领球队 4 次夺得世界杯冠军的传奇人物。

扎加洛的"442"阵型中，前卫以及边后卫参与进攻的打法
为现代桑巴足球奠定了基础。1998 年他再次以主教练身份
带领巴西征战世界杯，虽最后遗憾屈居亚军，
但也为 2002 年巴西第 5 次夺得世界杯桂冠留下宝贵财富。
贝利、罗纳尔多等声名显赫的巴西足坛巨星都曾是扎加洛的弟子。

师傅！　　师傅！

更重要的是，他重视边路进攻，
将边后卫打造成巴西军团标志性人物，
一代又一代明星边后卫在他创立的体系中受益无穷。

注意边后卫！

★ 开宗立派——

萨基

阿里戈·萨基

生日
1946-04-01

国籍
意大利

出生地
意大利富西尼亚诺

主要执教经历

帕尔马

1985—1987 年

2001 年

AC 米兰

1987—1991 年

1996—1997 年

意大利

意大利国家队

1991—1996 年

历史前十教练
同时入选《法国足球》、
《世界足球》以及 ESPN

1 次
意甲冠军

2 次
欧洲超级杯
冠军

2 次
欧冠杯
冠军

无论哪一家权威媒体，

在盘点教练排名榜单时，萨基的名字一定会被提及。

许多媒体为其冠以"历史第一教练"头衔。

而在达到如此受人敬仰的成就之前，萨基有着坎坷的追梦经历。

年轻时，他为故乡球队富西尼亚诺踢了十几年球，

同时兼职为父亲的工厂卖鞋。

26 岁那年，萨基决定放弃手里的工作追寻理想，

他在一支低级别联赛球队开始执教，球队球员甚至比他年纪还大，

如此平庸的起点，实在令人难以想象日后他能有所作为。

★ 开宗立派 ★

萨基此后的教练生涯好似小说，

他反复在低级别联赛的球队中辗转，奔波于不同城市，

直到 1985 年，萨基获得了一份意丙联赛（意大利第 3 级联赛）球队执教的工作。

此时他的执教理念已经逐渐成形，在荷兰足球全攻全守战术的熏陶下，

萨基崇尚整体足球，跳脱出意大利传统老旧的战术思维，

汲取欧洲现今战术思想，要求球员全面发展、集体行动。

这一系列新潮、先进的思想使得他成功开创了独特的战术。

全攻全守。

也是在这一份工作中，
萨基带领球队在意大利杯中击败豪门球队 AC 米兰，
得到了当时 AC 米兰老板的赏识，萨基一跃成为 AC 米兰主帅。

对对对，就这么打!

哇!

★ 米兰王朝 ★

报纸用大标题"谁是萨基？"嘲讽，
手下的球员突然从籍籍无名的小人物变为闻名足坛的超级球星，
萨基肩负的压力可想而知，贝卢斯科尼为了让萨基的战术理念顺利推行，
帮他扫清了障碍。

路给你铺平了，
快来吧!

谁是萨基?

拿来吧你!

1988 年，
萨基带领球队从马拉多纳代表的那不勒斯队
手中夺得联赛冠军。

此后两年，AC 米兰受益于萨基打造的体系，
连续两年夺得欧冠冠军，
4 年里拿到 8 座冠军奖杯。

他所提出的区域防守与高位压迫战术引领足坛进行技术革命，
勾勒出现代足球战术的基本框架，启蒙无数名将，
日后出现的新战术很多都是在他所提出战术的基础上做出的改进。
1994 年世界杯，萨基作为主教练为意大利国家队复刻了
在米兰的战术体系，球队一路过关斩将闯入决赛，
可惜"忧郁王子"巴乔最终罚丢点球，
萨基的传奇生涯也因为错失世界杯冠军而留下了遗憾。

不可否认的是，萨基在执念中引领众人前行，
他所指向的道路光芒万丈。

跟我走，都有
光明的未来！

★ 全攻全守——

米歇尔斯

里努斯·米歇尔斯

📍 国籍

荷兰

📍 出生地

荷兰阿姆斯特丹

🎂 生日

1928-02-09

🏃 主要执教经历

阿贾克斯

1965—1971 年

1975—1976 年

巴萨

1971—1974 年

1976—1978 年

荷兰

荷兰国家队

1974 年

1984—1985 年

1986—1988 年

1990—1992 年

《法国足球》
历史第 1 教练

FIFA
20 世纪
最佳教练

1 次
欧冠冠军

1988 年
欧洲杯冠军

1 次
西甲冠军

4 次
荷甲冠军

1974 年
世界杯亚军

米歇尔斯的球员生涯在荷兰阿贾克斯队度过，
作为一名前锋打进不少球，也入选过几次荷兰国家队，
只不过当时荷兰足球在世界舞台并没有分量，
他在足球领域有着更远大的理想。
1958 年，年仅 30 岁的米歇尔斯选择退役，
经过军队服役后，他在一支业余俱乐部开始执教。

拜拜，我去追梦了。

1965 年，米歇尔斯已在教练岗位上磨炼成功，
他报以雄心壮志回到阿贾克斯。
在米歇尔斯执教之前，阿贾克斯只是一支保级球队，
他来后大刀阔斧进行改革，大胆启用年轻人。
在 1966 年至 1968 年，阿贾克斯连续登顶荷甲，
1971 年阿贾克斯拿下首个欧冠冠军。

改造前   改造后

将这支队伍打造成王者之师的秘诀，
是米歇尔斯在阿贾克斯的实验结果，
这种技法完全颠覆了彼时足坛对足球战术的理解，
被称为"全攻全守"。

177

全攻全守，顾名思义，除门将外，

场上 10 名球员全部参与进攻与防守，球队整体移动，

球员没有固定位置，在不同时间、条件下出现在不同区域，

制造局部范围内多对少的优势，

这使得每名球员对位置、时间、空间的理解都要非常出色。

前锋不一定是前锋，
后卫不一定是后卫，
给我动起来。

打开你的思维，
打开！

当时看来，米歇尔斯的理念太过先进。

他的战术是继英国"WM"阵型和匈牙利"424"

阵型后，世界足球史上第三次重大技术革命。

与那些数字上的排列组合不同，

全攻全守带来的是足球思维的蜕变，

米歇尔斯堪称现代足球战术之父。

教练我头疼。

★ 振兴"橙衣军团" ★

这是我的传家宝。

谢谢师傅。

1974 年世界杯，米歇尔斯已在阿贾克斯向世人
展示了领先足坛的全攻全守战术，
后来他将其应用于荷兰国家队，球队人员没有
大变化。"自由人"克鲁伊夫无论在阿贾克斯
还是荷兰国家队，都是米歇尔斯麾下的关键球
员，日后他作为大弟子发扬了全攻全守战术，
为西班牙巴萨带去无尽宝藏。

在当时，米歇尔斯执教的荷兰队击败 4 届 3 冠的巴西队，
可惜最终惜败西德队，盖德·穆勒成了那场决赛的主角。
尽管米歇尔斯退出执教，
荷兰队仍在他的理念影响下于 1978 年闯入世界杯决赛，
虽再度惜败阿根廷队，却荣获"无冕之王"的美誉。

10 年后的 1988 年欧洲杯，
米歇尔斯再度出任荷兰队教练，
此时新一代荷兰队有名震欧洲的"三剑客"压阵。
"职业足球即战争"，
他以这句足坛名言激励自己的球员。
最终如愿以偿，他带领荷兰队捧得冠军奖杯。

比尔 · 香克利

比尔·香克利

"足球无关生死，足球高于生死。"无论你从哪儿看到这句话，都会为背后蕴含的足球哲学意义而深思。说这句话的比尔·香克利符合哲人形象，他是一位足球教练，更是利物浦的精神符号。

174

生日
1913-09-02

国籍
英国

出生地
苏格兰西南埃尔郡格伦巴克

主要执教经历

利物浦
1959—1974 年

3 次
英格兰顶级联赛冠军

《法国足球》
历史前十教练

★ 肩负重任 ★

香克利在球员时代曾代表苏格兰队出战,
1949 年退役后开始参与教练工作,
此后的 10 年,他的足球生涯仍然平平无奇。
同时期,英格兰明星俱乐部利物浦于 1953/54 赛季降级,
在次级联赛苦苦挣扎。
在反复求贤未果的情况下,香克利在 1959 年入主利物浦,
他肩负着复兴利物浦的重任。

★ 改革利物浦 ★

"不断建设利物浦,直到每个人不得
不屈服。"这就是香克利上任之初的雄心。
他大刀阔斧地进行改革,
一大批球员被踢出球队。
这种刚毅与雷厉风行的性格与做事风格
吸引了俱乐部董事会。在资金支持下,
香克利带领利物浦在 1962 年重返顶级
联赛。

就这么办!
必须听我的!

我要绝对
的服从!

接下来十多年间,利物浦时隔 17 年重夺
顶级联赛冠军,首次拿到足总杯冠军,
甚至在 1973 年获得欧洲联盟杯冠军。
带领一支落魄球队创造历史,香克利花费了 15 年的心血。

★ 利物浦教父 ★

执教利物浦期间，香克利开创靴室传统，

他与教练们在一间挂着球鞋的屋子里讨论战术。

教练中包括辅佐他的助理教练佩斯利，

日后他继任利物浦主帅，将香克利的理念延续。

佩斯利带领利物浦首次捧起欧冠奖杯，

在他执教的 9 个赛季，利物浦一共拿下 6 个联赛冠军、3 个欧冠冠军。

利物浦从此升级为欧洲豪门球队。

即使不在帅位，香克利所打下的根基也功不可没。

★ 他让我们快乐 ★

香克利与精于博弈、研发战术的教练不同，
他只需要绝对服从的球员，足球在他眼中是
一种信仰、一种生活方式。
足球发源地英国的球迷很吃这一套。

足球无关生死，足球高于生死。

足球就是信仰！　　　　　　　　　　对！

在香克利之前，利物浦只是一支实力强大的
球队，却谈不上伟大；香克利退休后，
利物浦持续 20 年创造了更为辉煌的成绩。
他尊重球迷，花费许多时间给球迷回信。
在安菲尔德的比尔·香克利雕像上，
铭刻着一句话："他让我们快乐。"
这也体现出足球的纯粹。

BILL SHANKLY
He made the people happy

弗格森

亚历山大·查普曼·弗格森

国籍

英国

出生地

苏格兰格拉斯哥

生日
1941-12-31

主要执教经历

阿伯丁
1978—1986 年

苏格兰代表队
1985—1986 年

曼联
1986—2013 年

《法国足球》
历史第 2 教练

《世界足球》
历史最伟大教练

2 次
欧冠冠军

13 次
英格兰顶级联赛冠军

ESPN
历史最伟大教练

IFFHS
21 世纪最佳教练

5 次
足总杯冠军

★ 阿伯丁奇迹 ★

弗格森在球员时代是苏格兰流浪者队的前锋，
曾获得过队内最佳射手称号，在本地小有名气。
但他两次失误导致球队错失冠军而受到极端球迷的攻击，
心灰意冷之下早早退役，开始从事教练工作。

哼！我去当
教练！

1978 年，阿伯丁迎来了那位带领球队创造奇迹之人，
弗格森在执教阿伯丁的第二个赛季便打破了凯尔特人与
流浪者 15 年来对联赛冠军的垄断。
若仅是如此，还远称不上奇迹。
1983 年，弗格森带领阿伯丁征战欧洲优胜者杯，
热刺和拜仁慕尼黑等欧洲豪门球队纷纷输给了这支苏格兰小球队。
决赛对阵皇马，阿伯丁竟爆冷夺冠，
创造历史上第三支苏格兰球队夺得欧战荣誉的奇迹。

怎……怎么可能……

★ 红色王朝 ★

带领阿伯丁创造奇迹后，弗格森接过曼联
主帅这个烫手山芋。在马特巴斯比离任后，
曼联在英格兰联赛中沉沦数年，
而利物浦风光无限，
曼联苦苦寻求下一位传奇教练。

啥玩意儿啊!

咋这么烫!

不过在弗格森执教的前 4 年，曼联颗粒无收，
弗格森屡屡遭遇下课危机。
1990 年他带领曼联拿下足总杯冠军，
保住了教练职务，也正式开启红色王朝元年。

下课吧你!

回家种地去吧!

1992 年英超成立，
弗格森执教的曼联开启长达 21 年的统治地位，
当赛季曼联时隔 25 年重新夺得联赛冠军。
刚上任，弗格森为曼联立下誓言，联赛夺冠次数超过利物浦，
但双方彼时夺冠次数为 7：19，这是难以逾越的差距。

我们要超越利物浦!

我现在才7个冠军，人家 19 个。

MANCHESTER UNITED

为打造一支冠军队伍，
弗格森的选择与马特巴斯比一致——组建新版"巴斯比宝贝"
其被称为"92班"，以吉格斯、贝克汉姆为首。
一群朝气蓬勃的阳光男孩组成了"一期红色王朝"的班底，
在1999年同时夺得足总杯、联赛、欧冠三项赛事冠军，
成为欧洲五大联赛第一支加冕"三冠王"的球队。

2003年，弗格森从一场与
葡萄牙体育的友谊赛中发掘了
一名天赋异禀的小孩。
他盘带技术花哨、过人能力强，
他为曼联创造了"二期红色王朝"，
他就是C罗。
2008年，在莫斯科他带领曼联捧起
欧冠奖杯，弗格森与他形同父子。

2013年弗格森正式退休，英超成立21年，
他带领曼联拿下第13个英超冠军，
此时曼联与利物浦的联赛冠军次数比是20：19。

温格

阿尔塞纳·温格

生日
1949-10-22

国籍

法国

出生地

法国斯特拉斯堡

182

主要执教经历

摩纳哥
1987—1994 年

名古屋鲸鱼
1995—1996 年

阿森纳
1996—2018 年

3 次
英超冠军

IFFHS
2001—2010 年
十年最佳主帅

7 次
足总杯冠军

劳伦斯
世界体育奖
终身成就奖

一位西装革履的瘦高教练站在球场边，

区别于传统穿着运动衫的足球教练形象，

他就是温格，一位儒雅的法国绅士。

他从小家境优渥，成长于良好的教育环境中，被父母当成生意接班人培养。

而他另有所好，在大学习得管理技能后转职成为足球教练，

这也决定了日后他迥然不同的执教风格。

> 让你学管理是要你继承家业的!

> 我要去当教练! 拜拜了!

★ 超前理念 ★

1984 年，温格开始执教法国南锡队，

他将自己对足球的执教理念全部应用于这支队伍。

细化训练分类，聘请专业人员指导球员，

运动科学是温格手中的"宝剑"，现代足球习以为常的系统化饮食、训练与技术设备，在那时很罕见。

在足球科学发展相对较为缓慢的那个时代，

温格的理念不可谓不超前。

> 运动科学

183

> 先这样……再这样……这样……

实际上，足球运动的科学化到 21 世纪才正式步入快车道。温格是那个年代的先驱者，他早期的执教为各支俱乐部搭建了完善的现代足球基础架构，

包括建队理念、运动设施。

虽然他在南锡队以及随后的摩纳哥队都没有获得巨大成功，但留下了变革的种子。

温格的成功始于阿森纳。

★ 执教阿森纳 ★

前往英格兰之前，温格前往日本名古屋鲸鱼队执教，

据说是喜爱学习多种语言的缘故，

亚洲文化吸引着他。在日本度过的这一年，

为他在阿森纳垒土铸屋塑造好框架。

1996 年 10 月，英格兰阿森纳队看中

温格具有经济学背景，任命他为主帅以期许开启一个新时代。

初到阿森纳时，温格的执教风格与英格兰足球的风格大相径庭，

好似一位学识渊博的大学讲师闯入古罗马斗兽场，

球迷与球员都不太习惯。

温格的到来，让阿森纳摒弃粗犷的英式球风，

改打华丽的短传进攻，球员在他的要求下戒掉酒精，

训练基地食堂的菜谱由他定制，

俱乐部的大小事务都由他来决定。

他甚至为阿森纳谋划了新球场的建设，

这已经远远超出当时人们对主教练职责的理解。

温格能为阿森纳建立起一个无可匹敌的王朝。
他执教的第二赛季，阿森纳就在英超夺得
第一个冠军，并在 2003/04 赛季创造了
奇迹——整个赛季 38 场比赛全胜夺冠。

以亨利为首的队员
均由他一手培养。

185

温格执教阿森纳长达 22 年，
阿森纳的成绩在他的执教下达到巅峰。

★ 银狐——

里皮

马尔切洛·里皮

生日
1948-04-12

国籍
意大利

出生地
意大利维亚雷焦

主要执教经历

那不勒斯
1993—1994 年

尤文图斯
1994—1999 年
2001—2004 年

国际米兰
1999—2000 年

意大利国家队
2004—2006 年
2008—2010 年

广州恒大
2012—2014 年

中国国家队
2016—2019 年

1 次
欧冠冠军

3 次
中超冠军

1 次
世界杯冠军

1 次
亚冠冠军

5 次
意甲冠军

意大利
足球名人堂

186

里皮是中国球迷的老熟人，一头银发，
因其智慧被冠以"狐"的名号，
曾带领中超球队夺得改制后的第一个亚冠冠军，
也曾执教中国国家队。

来到中国时的里皮，已年近古稀，
他的巅峰故事要从尤文图斯说起。
年轻的里皮是一位典型的意大利主帅，
常穿一身意式西装，指挥手势丰富。

★ 执教尤文图斯 ★

他在桑普多利亚退役后从青年队开始执教，
在执教尤文图斯之前，里皮都没有拿得出手的成绩。
1993/94 赛季是里皮执教生涯的转折点，
他带领那不勒斯以第 6 名成绩重回欧洲联盟杯，
这也使得国际米兰与尤文图斯两支北方强队向其抛出橄榄枝。

当时的尤文图斯挥斥重金引进以巴乔为首的球星，但长达多年无冠，因此其重建决心异常。这打动了里皮，不破不立，抱着这种心态为尤文图斯带来变革。在里皮执教的第一赛季，尤文图斯时隔8年重夺意甲冠军。

尤文图斯将里皮推向了知名教练行列。
1995—1998年，
里皮不仅帮助尤文图斯拿下欧冠冠军，
还帮助其重新回到北方三强行列。
因此，里皮连续获得意甲最佳教练、
IFFHS评选年度最佳俱乐部教练。

善将手下球员进行排列组合，
不拘泥于传统意大利踢法，并拥有极强的
临场调整能力，都是里皮的执教风格。
为了达到战术目的，里皮在队内对所有球员一视同仁，
即便是对功勋老将也不会念及旧情，
这也使得他后来在巨星云集的国际米兰短暂执教便黯然退场。

上次出现那样的重大失误还好意思？

教练！为什么这次我不在名单上！

★ 夺得世界杯冠军 ★

2001 年里皮重返尤文图斯执教，连续两年带领球队夺得意甲冠军，
共率队 4 次进入欧冠决赛，1 冠 3 亚的含金量足以为里皮背书。
2004 年意大利国家队提拔他为主帅备战两年后的世界杯，
这段经历成就了他历史级主教练地位。

没问题!

两年后的世界杯
就靠你了!

意大利

兵者，诡道也。里皮率队出征 2006 年德国世界杯，
在人员使用上灵活多变，延续意大利钢铁防守的
风格，又能在关键时刻出奇制胜。
他一手培养的左后卫格罗索，正是那位"伟大的
意大利左后卫"，没有给澳大利亚任何机会。
与德国鏖战至加时赛，里皮换了数名进攻手，
最后胜出。决赛对阵强大的法国，
法国球星齐达内因头顶意大利中卫马特拉齐被罚下。
最终，里皮带领意大利时隔 24 年拿到世界杯冠军。

1/8 决赛意大利 1-0 战胜澳大利亚

半决赛意大利 2-0 战胜德国

决赛意大利 1-1 战平法国点球大战 5-3 胜出

★ "瓜穆相看" ——

瓜迪奥拉

何塞普·瓜迪奥拉

📍 国籍

西班牙

📍 出生地

西班牙加泰罗尼亚桑特佩多

🎂 生日

1971-01-18

🏃 主要执教经历

巴萨

2008—2012 年

拜仁慕尼黑

2013—2016 年

曼城

2016 年至今

《世界足球》
历史前 5 主教练

🏆 **2 次**
欧冠冠军

👑 **4 次**
英超冠军

环球足球奖
21 世纪最佳教练

🏆 **3 次**
西甲冠军

3 次
德甲冠军

西班牙足球在历史的长河中并不占据主要地位，
直到 21 世纪前，"斗牛士军团"也只拿过一次欧洲杯冠军。
即便皇马与巴萨两家西班牙俱乐部在世界舞台举足轻重，
西班牙球员在此之前并非核心球员。
瓜迪奥拉在这个西班牙足球边缘化的时代长大。

TOP

球员时代的瓜迪奥拉是巴萨的中场"大脑"。
正巧赶上克鲁伊夫打造巴萨"梦之队"，
瓜迪奥拉深受重用并被克鲁伊夫的足球理念启发，
效力巴萨 17 个赛季。瓜迪奥拉收获包括欧冠在内的不少荣誉，
功成身退后，他潜心投入教练行业。

191

★ 缔造巴萨巅峰 ★

作为中场核心，瓜迪奥拉是巴萨"梦一队"中
对克鲁伊夫荷兰式理念理解最为深刻的球员。
2008 年，当巴萨在"梦二队"寻求新掌舵人谋划未来时，
瓜迪奥拉被选为主帅。

"菜鸟主帅"第一次执教，出道即巅峰，
瓜迪奥拉就是巴萨的"天选之子"。
上任第一赛季，他便带领球队创造了史无前例的"六冠王"记录，
将西甲、西班牙超级杯、西班牙国王杯、欧冠、
欧洲超级杯、世俱杯全部收入囊中。

★ tiki taka ★

瓜迪奥拉的成功秘诀在于名为"tiki taka"的传控足球战术，
这种足球战术就是将球不停在脚下传导。

TIKI TAKA

瓜迪奥拉执教的巴萨被视为
"梦三队"。在他执教的 4 年里，
巴萨一共拿下 14 个冠军，
2 次登顶欧洲之巅。
巴萨中将 "tiki taka" 战术应
用得最好的 3 位中场球员是
哈维、伊涅斯塔和布斯克茨。

以他们为核心复刻 "tiki taka" 的西班牙国家
队，在这 4 年连拿 2 届欧洲杯冠军、
1 届世界杯冠军，世界足坛以此为节点迎来
战术变革，传控足球似乎就是赢球密码。

★ 复制成功 ★

瓜迪奥拉在巴萨已经无法再获得成就感后，
畅想着在其他球队复制成功。
他像是一位足球领域的天才科学家，
比赛在他眼里只是实验的一环，在不同的国
度与文化背景下实现他的足球理念。

法国　葡萄牙　荷兰　意大利

动起来，动起
来！坚持住！还
有 30 个！

完善以及打造新的战术是瓜迪奥拉接下来几
年的执教目标。
瓜迪奥拉执教德国拜仁慕尼黑和英格兰曼城，
在看重身材与速度的足球土壤中播种技术
革命的种子。即便俱乐部高层给予了
瓜迪奥拉丰厚的资金，支持引进全世界最出
色的球员，他仍然在为带领本土球员拿下欧
冠冠军努力，最终证明他是正确的。
事实上，他在这两个俱乐部创造了赏心悦目
的打法，在国内达到巅峰。

★ "瓜穆相看" ——

穆里尼奥

若泽·穆里尼奥

生日
1963-01-26

国籍
葡萄牙
出生地
葡萄牙塞图巴尔

主要执教经历

波尔图
2002—2004 年

切尔西
2004—2007 年
2013—2015 年

国际米兰
2008—2010 年

皇马
2010—2013 年

曼联
2016—2018 年

热刺
2019—2021 年

罗马
2021 年至今

2 次
欧冠冠军

2 次
意甲冠军

3 次
英超冠军

1 次
西甲冠军

IFFHS
21 世纪 2001—2020 年
最佳俱乐部教练

《世界足球》
历史前 3 教练

穆里尼奥踢球时只是无名之辈，混迹于葡萄牙
低级别联赛，退役后自然没什么大平台执教，
无非小俱乐部的体能教练或助理教练。
1992 年，英格兰名帅罗布森执教葡萄牙体育，
穆里尼奥被选为翻译，这期间他辅佐名帅学习了不少执教之道，
蛰伏静待更大的机会。1996 年罗布森前往巴萨执教，
辅佐有功的穆里尼奥跟随一同前往，
并在罗布森离开后继续辅佐荷兰教练范加尔。
他之所以能够担任各路名帅的翻译，原因很简单，
穆里尼奥精通多种语言，他的天赋在此时已经显露。

195

★ 独立执教 ★

2000 年离开巴萨后，穆里尼奥开始在葡萄牙独立执教，
尝试实现自己的想法。葡萄牙球队波尔图看中了穆里尼奥的潜力，
而穆里尼奥则赋予了波尔图更大的野心，
不只是重夺葡超冠军，还有拿到欧冠冠军。

那是群星璀璨的千禧年初，欧洲大陆赛事的最高荣耀都被垄断在豪强队伍手中，波尔图至今仍是自欧冠改制以来唯一一支五大联赛球队之外的欧冠冠军球队。

★ 成为"狂人" ★

加冕欧冠为穆里尼奥带来了步入顶尖球队执教的入场券，恰逢俄罗斯巨富阿布入主切尔西，二者一拍即合。穆里尼奥前往英格兰，英格兰老牌豪门队伍虎视眈眈地看着拥有富豪新贵和他的掌舵人穆里尼奥的切尔西。他上任第一天就对英格兰媒体放出狂言："我是特殊的一个。"那一天，他成为人们眼中的"狂人"。

穆里尼奥的狂妄在于切尔西的高光表现，使得英超、曼联与阿森纳互相争霸的传统秩序变为三足鼎立。执教切尔西首个赛季，穆里尼奥便带领球队一举夺得英超冠军，并且球队在第二赛季卫冕。执教 3 年，他为切尔西戴上王冠。

而后，穆里尼奥前往意大利国际米兰队，
在 2010 年率队夺得欧冠、意甲、意大利杯冠军，
使该球队成为意大利第一支"三冠王"球队。

三 冠 王

★ 执教皇马 ★

此时穆里尼奥已是世界上优秀的教练，
皇马火速与其签约。西甲赛场巴萨与皇马，
C 罗与梅西，穆里尼奥与瓜迪奥拉的对决就此拉开帷幕。

穆里尼奥的执教理念与瓜迪奥拉完全不同，

防守永远是他考虑的第一要素，

他麾下的每一位球员都必须具备防守能力，

夺得控球权等都是其次。

在穆里尼奥的眼中，赢下比赛比什么都重要。

执教皇马的 3 年里，"瓜穆相看"的宿敌对决的确令人津津乐道，

但在荣誉方面，穆里尼奥没能超越对手，

也没能超越自己，仅带领球队拿过一次西甲冠军。

他转投切尔西二次执教，并再次带领球队拿下英超冠军。

成为资深球迷：那些圈内的足坛"黑话"

足球趣味科普

从"忧郁王子"到"魔人布欧"

过去人们为球星起的外号总是既文艺又潇洒，比如"忧郁王子"罗伯托·巴乔、"万人迷"贝克汉姆、"风之子"卡尼吉亚、"冰王子"博格坎普……中文的雅致被充分发挥，似乎那些球场上大汗淋漓、喘着粗气的球员都成了古龙、金庸笔下的江湖大侠。

忧郁王子　万人迷　风之子　冰王子

我们似乎可以将上述趋势归功于千禧年间体育赛事电视转播的盛行。

同时，纸质媒体以及各大门户网站蓬勃发展。

老百姓接收的信息形式主要是文字，在为球星起外号方面，

博大精深的中文发挥了重要作用，具有联想性的文字跳跃于纸上，

寥寥数字就能概括球员的特点。

贝克汉姆就是帅！那外号用"万人迷"再合适不过。

那个年代的中央电视台还特意做过专题片《一百单八将》（也常被称为

《足坛108将》），把水浒各路好汉的特点与球星放在一起，

把足球"玩"得更精彩。

欢迎收看《足坛108将》！

大概在 2006 年世界杯后，
中文互联网社区已经发展至不小规模，
临近北京奥运会，球迷的视野也更加国际化了，
国际球星的距离感正在逐渐减小。
比如，C 罗的外号成了"小小罗"。

你掤这套娃呢？

这是老罗、大罗、小罗、小小罗。

跑得快的罗本就叫"小飞侠"，
黄头发的斯科尔斯就叫"生姜头"吧。

还有"A 席""B 席""B 费"……

B 席才厉害！

A 席厉害！

当代足坛球星的外号风格又是怎样的呢？
"魔人布欧"哈兰德、"忍者神龟"姆巴佩，
这都是根据他们长相的特点所起的绰号。

相似度

99%

帽子戏法——
出圈的行话

"帽子戏法"应该是足坛最出圈的行话之一了，其含义甚至超出了本身的意思。如果不加以解释，将打进 3 球与"帽子戏法"串联在一起，需要一定抽象思维。

"帽子戏法"一词源自魔术表演。
魔术师掀开魔术帽，里面会凭空出现兔子或鸽子之类的动物。
这类表演被称作"帽子戏法"，兔子数量通常为 3 只，
表演 3 次，这就和进 3 球联系上。

其英文为"hat-trick"，
在其他领域则被引申为连续 3 次获得成功。
例如连续 3 次模拟考获得全班第一，
便可以称作模拟考帽子戏法。

真厉害!

帽子戏法!

19 世纪的板球比赛是最早出现"帽子戏法"的体育赛场，
投球手连续投出 3 次好球，淘汰对方 3 名球员，
赛后便会获得一顶帽子作为奖励。

在英格兰的传统文化中，帽子象征着尊敬，
这自然是对一名球员在比赛中的
最高赞誉。

进了三个球，
我可以把球
带走啦！

若球员在一场足球比赛中独中三元，
当场比赛用球便能被这位球员带回家。

"梅开二度"也是足球比赛里的高频行话，
代表单个球员进 2 球。与帽子戏法不同，
这是一个纯正中文词汇，
最早来自传统剧目《二度梅》，它是一本清代的白话小说，
讲述了一段凄美决绝、终成正果的爱情故事。
但是，曾有人质疑"梅开二度"用于足球比赛，
坊间流传的用法通常是指女子二次成婚，
其实大体也是连续 2 次成功的意思。

仅看意境，梅花一年开一次，于凌寒中绽放。
足球比赛进球属于众多团队运动中难度系数颇高的，
在中文语境中，用"梅开二度"形容一名球员连进 2 球，
的确将球员通过不懈努力成功进球的精神表达得淋漓尽致。
这样看来将这一成语用在足球运动中，不仅一点也不俗气，还多了些许雅致。

"一蹴而就" "马踏流星" 等诸如此类的词语数不胜数，

词语越简短，观众越能在短时间内获取更多信息，

这是体育比赛需要的即时性。

正如大家所见，

成语在足球比赛的描述中特别受用，

其字少、有韵律、方便传播、易于记忆。

优秀的媒体从业者将中文的精髓融入足球比赛，

他们作为先驱者一手创造了如今足球比赛的语言习惯。

有一方先进了一个球！
先拔头筹！先下一城！

什么是 "牛尾巴"

"罗纳尔迪尼奥做出一个漂亮的牛尾巴过人。"听到解说员这样一句表达，您可能会很纳闷，牛尾巴用于烹饪倒是挺香的，可也没见谁能用它来过人，难道是举着牛尾巴追着人跑吗？

用同一只脚的外侧、内侧短促而连续地拨球，
达到欺骗防守队员向相反方向移动的目的，
最终完成过人的方式，
就叫作 "牛尾巴过人"。
单看文字或许很难理解，
想象一下牛灵活地左右摆动尾巴，
是不是很形象？

那很多动物都有尾巴，
为什么不叫猫尾巴、马尾巴呢？
或许是因为牛尾巴细长，为驱赶牛虻摆动得更加频繁。
其最早出于何处已无从考究，很多足坛用语皆是如此，
倒不如说是一种约定俗成的习惯。

罗纳尔多有一招名为"钟摆过人"的招式，
其是指双腿像钟摆一样来回跨过足球，迷惑防守球员，
最终突然启动完成过人，
防守球员往往就好似被钟摆催眠一般，站在原地发愣。

常采用"tiki taka"的西班牙球星伊涅斯塔的
一项盘带技巧被称作"油炸丸子"，
词源来自西班牙语"Croqueta"。
这种食物跟我们印象中的油炸丸子不太一样，
我们印象中的炸丸子肉质紧实。

而西班牙油炸丸子是外面裹上面包屑，里面是由法国白酱与各种火腿、鳕鱼等肉类加上蘑菇融合的馅料，吃起来的口感与薯饼类似，外皮酥脆，里面绵软细腻。

词源上再探究深一步，"Croqueta"与西班牙语的"crujir"同根，后者形容吃东西时发出的嘎嘣脆的响声。而被称作"油炸丸子"的过人方式是将球迅速地通过左右脚内弓的撞击，一瞬间启动变向过人，需要的动作幅度小，没有花哨技巧，简单易学，但讲究使用时机。

为啥我学不会油炸丸子？

因为你没掌握好时机。

这与油炸丸子有着共同之处，油炸丸子虽是较为简单的烹饪，但非常讲究火候与时间。

若你能将足坛行话与当地的文化、人民的生活习惯、时代相结合，思维跳出 90 分钟的比赛之外，那恭喜你，你的球迷段位又能再升一级。

我已经不再是当初的我了！

老球迷

LEVEL UP！

球迷必备——战略与战术

足球趣味科普

战术起源：从一间咖啡馆说起

如果让你穿越到 19 世纪末跟当时的足球运动员讲战术，他们会认为你脑子不太正常。

全攻全守。

tiki taka。

??? ???

在当时足球就是简单的运动，
22 个人追着球跑，
把球打进球门就行。
直到 20 世纪初情况才有所不同，
英国人开始注意到前锋与后卫的
人数分配，
球场上出现了大致的站位。

你站前面。

你站后面。

足球战术的科学性研究，
始于 20 世纪 30 年代奥地利的一间咖啡馆。
有一种说法是欧洲的第一家咖啡馆开在维也纳，
到哈布斯堡王朝末代，咖啡馆的沙龙文化已非常流行。

贝多芬曾作为中央咖啡馆的常客，将喝咖啡这一生活方式拔高了格调。

知识分子热衷于在此高谈阔论。

久而久之，每一支奥地利球队的拥趸者都找到了一间咖啡馆作为大本营，

其与英国球迷在酒吧里取乐的本质一样，

但与酒精带来的混乱相反，

咖啡因使得维也纳的球迷异常理智。

善于辩论的球迷组成了一个议会，

将桌面模拟成球场，将硬币当成球员，

他们在桌上推演足球比赛。一些球员和教练也是议会一分子，

他们将这种形式带入了更衣室与球场，

具备抽象思维与临场应变能力的球队成了时代的弄潮儿。

虚晃一枪！

从维也纳萌生的足球战术理念逐渐辐射至
欧洲的其他地方，
例如盘带时利用假动作声东击西、
回收阵线伺机而动等待反击等。

技巧与策略帮助奥地利国家队崛起。
1936 年奥地利队用这样的方式击溃了
英格兰队，奥地利精湛的传球技艺与
英式足球粗犷的技术形成鲜明对比。
当然后者有值得称道的地方，
如体格与速度优势，
这些特点被英格兰人一直保留到今天。

我们要这样踢！要有战术！

要跑得快！进球就行！

回顾现代足球起源，
历经半个多世纪后，人们才用智慧勾勒出
足球战术理论的雏形。
虽然足球战术的起源很难界定一个清晰的
时间点，但可以肯定的是，
咖啡阴差阳错地引发了足坛的"文艺复兴"。

什么是"442"
——阵型演变

球迷总是乐意讨论阵型，玩弄着独特的数字游戏。从他们口中传来的"442""4231""352"等类似摩斯密码的数字组合，像一种暗码。

442   352

4231

他们在说什么谜语?

这些数字组合所代表的含义其实很简单：
数字由左向右，依次代表后卫线、
中场线以及锋线人数，门卫不算在其中。
无论怎么排列，所有数字相加一定等于 10。

后卫线   中场线   锋线

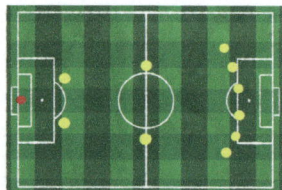
226

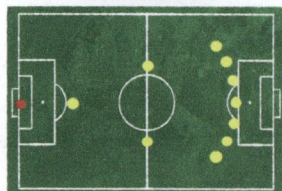
127

235

现代足球诞生之初，阵型就有着相当重要的地位。有了阵型以后，足球从一种游戏转变为严肃的比赛，球员被锁定在大致的区域之内，分工明确。19世纪70年代，在足球规则统一过程中出现了越位规则，即"接球队员与对方底线之间防守人数少于3人（包括守门员）算越位"。这时明确防守分工的非门将球员为2~4名，其他6~8名球员均为前锋，阵型为"226"或"127"，传球倾向更强的球队的阵型为"235"，好似倒金字塔形状。

1925年，越位规则将接球队员与对方底线之间的防守人数减少至2人，与现代越位规则更接近，这项重大调整促使阵型发生变革。别看只是区区一人次的调整，但却意味着从此以后球队一旦造成越位失误，就将给对方前锋直接挑战门将的机会（A队故意将阵型前压制造越位，如此一来B队前锋只要在越位的位置接球就会被判越位犯规；一旦制造越位失败，B队前锋接球后将无人防守，便可直接单刀）。

英格兰教练赫伯特·查普曼在阵型上
略做调整，将"235"阵型中站于中场线
的一人后撤至后卫线参与防守，
锋线2人埋伏在突前中锋的身后，
阵型变为"325"，
也称为"WM"阵型。
严格意义上来说在越位规则改变之前就
存在过3个后卫的阵型，
但规则变革给予了新阵型更多可能性。
查普曼是成功的那一位，
他带领阿森纳在20世纪30年代缔造辉煌。

WM 阵型。

"WM"阵型随着英格兰足球传入世界各地后，
经过演化逐渐被人们发现3个后卫的阵型存在防守弊端：
面对一支拥有优秀边锋且具有进攻禁区能力的球队时，
边路的防守漏洞会立即显现。
之后，不同版本的4个后卫的阵型开始涌现。

有碰绽！

无论是在3个后卫的身后再加一名后卫，
还是干脆安排两名平行站位的中卫，
各个地区不约而同地独自摸索出"424"阵型，
关于它的发明者究竟是谁众说纷纭。
总之，匈牙利靠着"424"阵型打破了英格兰的不败神话，
巴西凭借"424"阵型于1958年赢得世界杯冠军。

巴西

匈牙利

人们发现并不是前锋越多就越好，
以"424"阵型为基础，演变出了"433"
阵型与"442"阵型，
前锋数量不断减少。

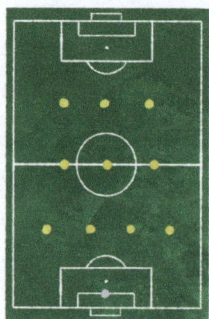 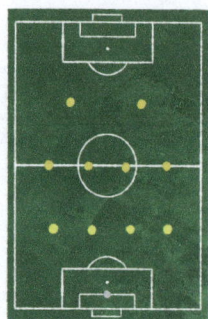

我进可攻，退可守。

巴西的"433"阵型依旧保持强大的进攻力，
从锋线回撤到中场线的这名球员
依旧保留了进攻传统，
日后在这个位置诞生了许多才华横溢的巨星，

意大利却与上述不同，

他们在改造 3 个后卫阵型的过程中增加了一名居中后卫当作

最后一位防守球员——"清道夫"，

并将一名边锋后撤至后卫线参与防守，此时后卫线上有 5 名后卫，

这便是著名的"链式防守"，以此为战术，

阿根廷教练埃雷拉为国际米兰开启了"大国际"时代。

后卫

中场

前锋

进攻与防守

在战术层面，可将一场足球比赛中所使用的所有策略分成两种：进攻与防守。用这种区分方式，我们能够非常直观地了解一支球队在比赛中的战略意图，非进攻即防守，非防守即进攻。

进攻！进攻！

防住！防住！

从战争角度看，防守方占据一定优势，
坐拥主场之利，以防御工事为辅，据险而守便可以少胜多。
钓鱼城之战，蒙哥大汗亲率十万蒙军围攻守军
不到两万的钓鱼城，苦攻 36 年之久。

在足球比赛中攻与守却与之相反，
进攻方比防守方更占优势。其原因在于，
足球是一项奖励进攻的运动，进球得分才能取胜，
据守不攻一旦被对手拿分，就完全陷于被动，
即便守到时间结束，也必须通过点球大战分胜负。

进攻！

另一种说法是，从球员个体看，

防守球员实际比进攻球员更加主动，

进攻球员一切行动的目的是获得控球权，并将球踢进球门，

他们过人的假动作是为了让防守球员犯错。

防守方是主动做选择的一方，他们在获得球权之前，

需要尝试破坏进攻方的进攻。

研究表明，防守状态下球员的体能消耗比进攻球员要多 15%，

这为上述观点提供了佐证。

因此在足球比赛中，不是持球的那一方就是进攻方，

也不是不持球的一方就是防守方，进攻与防守取决于球队心态是

积极还是消极的，并随着场上事态发展而互相转化。

当一支球队落后，迫切地想从正在控球消磨时间的对手身上夺回球权时，

是积极进取的进攻心态，另一方则是消极的防守心态，

相同战术在不同心态下也会有完全相反的效应。

西班牙足球的"tiki taka"战术，

任何时候都以控制球权为第一要务。

当球队积极进攻时，场上球员会通过来回传导拉扯对方防线的空档，

抓住对方漏洞将其击败，而当球队消极防守时，

球员会在防线来回传球，减少对手的控球时间以达到防守目的。

足球里的攻守正如物理学里的运动与静止一样，也是相对概念。

现代球队都在提倡攻守平衡，战术研究重点放在攻守转换这个环节上。

一旦理解攻守是一个动态互换的概念，

你对足球的理解便会上升到一个新的高度。

什么是"tiki taka"
——战术流派

ti-ki-ta-ka，这4个音节第一次出现是在2006年世界杯上由西班牙评论员说出，西班牙人很喜欢用拟声词进行命名。

控制 传球
ti-ki-ta-ka
逼抢 技术

这是一种风靡全球的战术，
始于荷兰人克鲁伊夫。
他将"全攻全守"的理念融入巴萨，形成了这一战术。
该战术由瓜迪奥拉发扬光大。
这项战术的几个关键词：
控制、传球、逼抢、技术。

"传到门里"是"tiki taka"的精髓之一，
来回传导消耗对手耐心，为确保进攻成功率，
只把握绝对能进球的机会。想要驾驭这种打法，
球员需要具备细腻的控球与传球技术，
在西班牙即便是后卫也得如此。
在这里很少看到靠身体肉搏的球员。

你看我可以吗？

西班牙

面试

他们的联赛与青训体系都采用了这一战术流派，
当你讨论西班牙球员时，脑中浮现出的第一个词是"技术细腻"。
不过，这一战术流派也有缺点：
希望看到双方激烈对抗的观众恐怕会在无数次传球中昏昏欲睡；
而且一旦传球失误，对手的一次反击就可能为比赛画上休止符。

都传了十几分钟了……

防守反击和"tiki taka"完全相反。
防守反击即将球权交给对手，收缩防线，诱敌深入，
在对方进攻无果的情况下，断球后立刻通过中场，
仅仅几脚传球便能打到对方腹地，一击制胜。

你过来啊！

来就来！我怕你啊！

科特迪瓦的传奇中锋迪迪埃·德罗巴，
曾是穆里尼奥防守反击体系下的得力干将。
他所接受的足球哲学是：90 分钟的比赛中也可以 10 分钟解决战斗。
2012 年欧冠决赛，前 83 分钟拜仁慕尼黑队完全压制切尔西队并以
1：0 的比分领先，德罗巴在第 88 分钟踢进一球，把比分扳平，
将拜仁慕尼黑之前的所有努力清零。

10 分钟解决 90 分钟的事儿！

在所有团体类竞技运动中，足球是以弱胜强
最多的项目，其中防守反击策略是制造大多数冷门的秘诀。
意大利的"链式防守"是防守反击体系之一，
意大利教练都爱琢磨战术对比赛的影响，
他们设计的防线如铁索连江，环环相扣，
尝试进入其中的前锋都会被困住。

最强防守线

探究一种战术流派，像是将深埋地下的宝藏挖出，
附带着历史留下的陈年气味。

武功秘籍真的
在下面吗？

就在下面！

各地战术风格自成一派，各有千秋，
还有更多战术流派等大家发现。

tiki
taka

防守
反击

链式
防守

主客策略

几万人振聋发聩的助阵声环绕于体育场，无数双眼睛凝视着场上球员……从比赛哨响那一刻起，场上的 22 名球员便被一股无形的力量推动，身体不由自主地被看台上的喧闹影响，没有人能置身事外。

大型球场四面闭环的设计将其变为一个巨大的音响，
球迷属于比赛的一部分，主队球员在比赛中无时无刻享受着支持，
简单的声浪、略有旋律的助威歌……
主队与客队的优劣之分便在此处。

拜仁加油！拜仁必胜！ 拜仁加油！拜仁必胜！

这是我的主场！

BARCA!

太震撼了！

那当然啦，2009/10 赛季欧冠半决赛，国际米兰 vs. 巴萨的比赛前，全场巴萨球迷拼出巴萨围中的图案，红、蓝、黄三色与绿色草坪交相呼应，赏心悦目。

心理劣势是客队必须应对的。
不同于乒乓球、斯诺克的竞技项目中观众
通常被要求不能干扰选手的发挥，
足球场上主队球迷通常会给客队球员施
压。面对这种情况，
大多数客队会选择稳住开场，
按照熟悉的节奏比赛，
客队会比主队更保守。

我们去别人主场，心态一定要放平。

我害怕，我紧张。

英国媒体《每日邮报》的一项数据显示，
有球迷在场时主队胜率能达到 46%，
而空场进行比赛时只有 36%。
在空场比赛期间，客队胜率飙升，
主队丧失了主场优势，比赛甚至少了激烈对抗，
球员的战术执行力更强，理性在比赛中占据上风。

红队加油！　红队必胜！　加油！　加油！冲！

见识过空场比赛的空旷，
更怀念山呼海啸的呐喊。

Mbappé! Mbappé! Mbappé!

好怀念曾经进了球，全场喊
三次名字的日子啊……

实力较弱的球队能凭主场优势取胜。

2018/19 赛季欧冠，前一赛季冠军皇马远征莫斯科，

舟车劳顿后在卢日尼基体育场的寒风中，

0∶1 爆冷输给身价相差近 10 倍的莫斯科中央陆军队。

好冷!

那些
经典对决

足 球 趣 味 科 普

马拉卡纳惨案

"巴西最长有期徒刑是 30 年，而我从 1950 年至今服了 50 年无罪之刑。"这是一位巴西老人巴尔博萨临终前对马拉卡纳惨案的回忆。1950 年世界杯，他作为门将代表巴西对阵乌拉圭，没有巴西人会忘记马拉卡纳球场的这一天发生了什么。

1950 年就是我心中永远的痛。

有一个专有名词来代表那场比赛——Maracanazo，
直译为"马拉卡纳的打击"。
1950 年的世界杯，举办地为巴西，
这是南美洲自 1930 年乌拉圭以后第 2 次举办世界杯。
巴西举国上下非常重视，大兴土木，
历时 2 年多建成位于里约的世界杯主体育场——马拉卡纳球场。
该球场能容纳 20 万人，至今仍是人类体育史上的奇观之一。

马拉卡纳球场雄伟宏丽的景象代表了巴西人民

对这届世界杯的远大憧憬，他们于 1949 年拿下了

本土举办的南美锦标赛冠军，日后这项赛事更名为美洲杯。

欧洲球队需要远渡重洋来到巴西比赛，

许多国家拒绝参赛，原定 16 支球队参加，

由于印度、土耳其与苏格兰缺席，

递补的法国也拒绝参赛，最终的参赛队伍为 13 支。

苏格兰 　法国 　NO! 　巴西

我们不参加了！

这届世界杯赛制也与往常不同，13 支球队分为 4 个小组，

乌拉圭与玻利维亚组成只有 2 支队伍的一组，

他们只打了 1 场比赛便确定了晋级循环赛的球队。

这是唯一一届没有决赛的世界杯，

参加循环赛的 4 支球队将各进行

3 场比赛，通过积分来决定冠军归属。

1950年世界杯积分榜

排名	队伍	比赛	胜	负	平	净胜	积分
1		——	——	——	——	——	——
2		——	——	——	——	——	——
3		——	——	——	——	——	——
4		——	——	——	——	——	——

巴西与瑞典、西班牙、乌拉圭最终一同晋级循环赛，
巴西在对阵瑞典、西班牙的比赛中分别取得 7：1 与 6：1 的大胜，
在最后一场对阵乌拉圭的比赛只要打平便可以夺冠。
此刻巴西国内一致认为冠军已唾手可得，
媒体甚至提前进行"巴西是冠军！"的报道，
在最后的对决之前，球迷已经进行了数天庆祝活动，
他们眼中的那场比赛似乎只是颁奖典礼。

我们夺冠了？

没有！明天才
比赛，我们先
庆祝！

等到比赛那天，
约 20 万名球迷涌入马拉卡纳球场，
整座场馆陷入轰鸣，
无一例外，几乎全是希望见证巴西捧杯的球迷，
乌拉圭球员所面临的巨大压力难以想象。

巴西！ 巴西！ 巴西！ 巴西！ 巴西！ 巴西！

巴西如预期般取得领先，
可是接下来乌拉圭似乎从混沌中苏醒，
背水一战，在第 66 分钟扳平比分，
在第 79 分钟反超，比分最终定格在 2 ∶ 1。
乌拉圭意外地击败了巴西，捧得队史第二座世界杯冠军奖杯。

马拉卡纳球场在终场的那一刻陷入死寂，
收音机前数千万巴西民众难以接受，其中就包括
年仅 10 岁的贝利。这一天被视为巴西的"国难日"，
直到 1958 年拥有贝利的巴西捧得金杯，
这个民族的伤痛才被抚平。

乌拉圭2:1战胜巴西。

世纪悬案

1966 年是世界杯历史上的重要年份，现代足球发源地英格兰自 1950 年加入世界杯以来，历经 16 年终于夺得国际大赛的重要奖项，他们上一次进入国际大赛的决赛还是 1912 年的斯德哥尔摩奥运会。这一年世界杯在英国举办，并首次采用电视直播，观众还能看到进球的慢动作回放。在这样的背景之下，却发生了一桩世界杯历史上至今未解的悬案。

是我都解决不了的悬案。

英格兰

德国

本届赛事，英格兰与 1962 年世界杯冠军巴西同为夺冠热门队伍，
但只有英格兰最终不负众望顺利闯入决赛，而英格兰决赛的对手是西德。
伦敦温布利球场汇集了近 10 万名观众，90 分钟之内的比赛足够精彩，
西德率先进球，随后英格兰反超比分。
第 89 分钟西德绝处逢生打入一球，比赛被拖入煎熬的加时赛。
第 101 分钟，著名的一幕发生了，
英格兰前锋赫斯特在禁区里接传中球转身凌空抽射，
球打在横梁下端弹在门线上，而后又弹回场内被后卫解围。

球进了吗？英格兰球迷已经开始庆祝，
瑞士当值主裁丁斯特也不清楚球是否整体越过门线，
苏联边裁巴赫拉莫夫给予了进球有效的提示，
西德先后对主裁与边裁表示抗议，但于事无补。

再次反超比分的英格兰渐入佳境，
最终赫斯特再进一球，
英格兰以 4∶2 的比分击败西德，捧得第一个世界杯冠军，
前锋赫斯特成为到目前为止唯一一位在世界杯决赛上演帽子戏法的球员。

由于转播技术的缺陷，
即使观看电视直播回放也无法分辨进球是否有效。
西德门将蒂尔科夫斯基表示：
他在做出扑救后回头望去，球的大部分都在门线外。
英格兰方的进球者赫斯特在接受采访时表示："这个争议会伴随着我
进入坟墓，因为我也无法分辨球究竟有没有进。"

球进没进

我在做出扑救后回头望去，球的大部分都在门线外！

正方：进了

反方：没进

德国人不信任裁判巴赫拉莫夫，
而英国人把他当作英雄。
巴赫拉莫夫此后受到了国际足联重用，
继续在 1970 年世界杯中做裁判，
他的故乡为褒奖他的判罚为其树立雕像。

2010 年世界杯英德对决时再次出现门线悬案，
这一次英格兰的进球被判无效，
自此以后，"鹰眼"技术得到推广，门线再无悬案。

哈！

无效。

NO GOAL

英阿大战

1986 年 6 月 22 日，墨西哥首都阿兹特克体育场汇集了约 11 万名球迷，氛围剑拔弩张，连场内的大气压都令人喘不过气来。对阵双方球员神情凝重如秋气肃杀，墨西哥安保部门严阵以待，参与比赛的人们清楚，这不仅仅是一场比赛。

全员已就位！

这场举世瞩目的对决是 1986 年
世界杯 1/4 决赛——英格兰对阵阿根廷。
20 年前的 1966 世界杯，
双方就曾进行了一场粗暴的、混乱的世界杯 1/4 决赛。
当时阿根廷队长被罚出场外，警察出动维持了秩序，
英格兰淘汰阿根廷晋级。

于是乎，1986年的这场对决，
爱国主义与捍卫民族尊严成了阿根廷队的主题。

今天新仇旧恨
一起算！

英格兰　　　　　　**阿根廷**

比赛的第 51 分钟，阿根廷进攻打到英格兰禁区前，
英格兰球员霍奇勉强将球挑回给门将希尔顿，
结果，马拉多纳从半路杀出，左手举起略微高于头顶，
赶在希尔顿碰球之前用手将球打进，由于他的动作
隐蔽且迅速，裁判观察的角度无法看清，
随即判定进球有效！此球便是著名的"上帝之手"。
马拉多纳赛后对此球的回应：此球一半由上帝的
手打进，一半是马拉多纳的头。

何曾想，世界杯史上最大误判与世界杯史上最经典进球
同时出现。仅仅 4 分钟后，马拉多纳在中圈附近接球，
脚下生风，如变戏法般连续突破，英格兰防守形同虚设，
无人能给马拉多纳造成一丁点干扰。
再次拨动他那灵动的双腿，希尔顿也被过掉，
球就这样滚进了空门。

从拿球到进球，马拉多纳只花了 12 秒。
他像古希腊史诗的英雄一样，一己之力挑翻众神。
作为本届世界杯夺冠热门的英格兰，
此时也只能成为马拉多纳封神的助力。

连过数人的进球至今仍是世界杯最佳进球，
马拉多纳一人将个人英雄主义发挥到极致，
墨西哥的阿兹特克体育场为他这一壮举立起一座纪念碑。

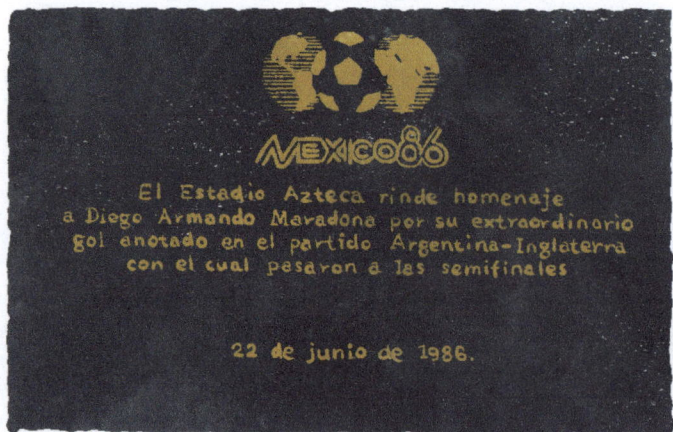

MEXICO86

El Estadio Azteca rinde homenaje
a Diego Armando Maradona por su extraordinario
gol anotado en el partido Argentina-Inglaterra
con el cual pasaron a las semifinales

22 de junio de 1986.

诺坎普奇迹

1999 年 5 月 26 日，在西班牙巴塞罗那诺坎普球场的比赛中，比赛常规时间结束时，比分板显示 1：0，拜仁慕尼黑队领先于曼联，第四官员举起了指示牌，只有 3 分钟补时。

伤停补时！

足球小贴士

足球比赛中，有 4 名裁判：一名主裁判、两名边裁和一名第四官员。第四官员应在整场比赛中协助裁判员完成工作。第四官员由竞赛规程指派，同时在其他三名比赛裁判中的任何一名不能担任执法工作时上场替补。

以这个比分结束比赛，拜仁慕尼黑将顺利夺得
欧冠冠军，曼联还有机会吗？
即便最忠实的曼联球迷也无法拍着胸脯回答这个问题。
时任欧足联主席约翰森慢步走到曼联名宿博比·查尔顿面前，
轻声说了句："抱歉。"而后动身前往奖杯处准备为拜仁慕尼黑颁奖。

抱歉，我要给拜仁
慕尼黑颁奖了。

拜仁慕尼黑球迷已经开始庆祝，
曼联花了 90 分钟都没能
攻破对方大门，
3 分钟补时又能干什么呢？

只有 3 分钟，冠军是我们的咯！
你们无力挽回啦！

补时第一分钟，曼联获得角球，贝克汉姆主罚，
他是队中的颜值兼脚法担当，就连曼联的门将
舒梅切尔都进入禁区争抢头球，这是背水一战的最后机会。

球开出后防守球员顶到第一落点，
但第二落点被曼联前锋吉格斯在弧顶位置抢到，
他勉强完成侧身扫射，但路线不是很好，
眼看球要偏出球门，突然曼联替补前锋谢林汉姆
伸出一脚改变了球的运行轨迹。
球进了！折线进球，曼联扳平比分了。

拜仁慕尼黑众球员此刻已身心俱疲，
没能守住城门的他们很懊恼，比赛可能会被
拖入加时赛，然而曼联还没有停止攻势，
他们似乎嗅到了对手一丝松懈的气息。
吉格斯单兵突进又为球队赢得了角球，还是贝克汉姆主罚。
这次拜仁慕尼黑的防守形同虚设，抑或太过保守，
有两名后卫站在门线上阻止曼联进球，
而禁区中央出现致命漏洞，谢林汉姆顶到了第一落点，
另一位超级替补索尔斯克亚抢在拜仁慕尼黑球员身前射门，
最终比分为 2：1！曼联反超！

诺坎普沸腾了，欧冠历史上从未见证如此
史诗级的大逆转，最后 3 分钟曼联连进 2 球。
欧足联主席约翰森回到场内发现，
他将要颁奖的球队倒地掩面哭泣，
而原本以为的输家正在庆祝，实在是太不可思议了！

索尔斯克亚打进逆转球的一瞬间，

所有拜仁慕尼黑球员心灰意冷，

他们忘记还要去中圈开球，悔恨没有守住胜利。

但这就是足球，不到最后一刻，胜负未定。

最终，曼联赢下了这场赛事，夺得"三冠王"。

这场比赛被载入史册，诉说一段奇迹，勉励永不放弃。

勉励永不放弃！

伊斯坦布尔奇迹

伊斯坦布尔，两大帝国旧都，东西方文化交融之处。这座城市本身被赋予了浓烈的传奇色彩，而在足球世界里提到"伊斯坦布尔"，只有那一夜令人永世难忘。

那是 AC 米兰无法抹去的伤痛，那是利物浦吸粉无数的骄傲，那是比分从 0∶3 逆转到 3∶3 的故事，那是 2005 年 5 月 25 日，欧冠决赛历史上经典对决之一。

这届欧冠决赛，
来自英格兰的利物浦与意大利的 AC 米兰会师，
无论实力还是国内排名，AC 米兰都胜于利物浦。
时任利物浦主帅贝尼特斯激进变阵，期望出奇制胜。
开场仅 52 秒 AC 米兰的马尔蒂尼便打进一球，
比分为 1∶0，这是欧冠决赛史上最快进球。

上半场 AC 米兰在场面上完全压制对手，
利物浦屋漏偏逢连夜雨，因伤被迫换人。
AC 米兰连续打出精彩配合，前锋克雷斯波再进 2 球。
半场结束前，AC 米兰以比分 3∶0 领先利物浦。

大局似乎已定，
历史上从没有球队在决赛中 3 球落后的情况下扳平比分，
利物浦球员的心理处于崩溃边缘。
利物浦主教练贝尼特斯充分发挥他的战术才华为下半场布阵，
队长杰拉德说："不要让我们成为笑柄，先为球迷打进一球！"

下半场，回到比赛中的利物浦不再狼狈，
队长杰拉德身先士卒，兑现了他的承诺，
在第 53 分钟为球队打进一球，进球后他不断挥舞着双手，
鼓励队友，增加气势，吹响反攻号角。

第 56 分钟，贝尼特斯做出的两次换人决策收获了效果，

替补上场的哈曼与斯米切尔协作完成进球，

后者一记远射将球打进，比分 2：3！

第 60 分钟，杰拉德在禁区被绊倒，

阿隆索主罚点球，AC 米兰门将迪达防住了第一次射门，

但阿隆索补射将球打进，比分 3：3 扳平了！

利物浦 6 分钟之内连进 3 球，令人难以置信！

此时，AC 米兰轻易放弃了吗？
没有，随后 AC 米兰的攻势如潮水般涌来，
利物浦门将杜德克与后卫卡拉格合力
贡献多次精彩绝伦的防守，
硬生生将比赛拖入加时赛，
双方无论体力还是精力都在此时接近极限。

第 118 分钟，AC 米兰前锋舍甫琴科在距离门前仅 7 米的位置
头球攻门，被利物浦门将杜德克不可思议地防住，
AC 米兰错失最后的机会。

点球大战，杜德克
再次扑出舍甫琴科的点球，比赛以如此戏剧性的
方式结束，冠军最终属于利物浦。

震惊足坛的黑马奇迹

足球趣味科普

诺丁汉森林神话

3 年前还在二级联赛打拼，3 年后登顶欧洲之巅。20 世纪 70 年代的英格兰足坛，曾有一支老牌豪门球队以这样的方式崛起，其速度之惊人，颇具传奇色彩。现如今人们或许很难再从英格兰顶级联赛中寻觅诺丁汉森林的身影，但这段激情澎湃的历史依然流传于世。

3 年前

3 年后

20 世纪 70 年代末的欧洲足坛属于英格兰，
利物浦、诺丁汉森林与阿斯顿维拉这 3 支俱乐部
一共包揽了 1977 年至 1982 年的 6 座欧冠奖杯。

| 1976/77 | 1977/78 | 1978/79 | 1979/80 | 1980/81 | 1981/82 |

相较于其他两支球队，
诺丁汉森林此前的成绩平平无奇。
1975 年是诺丁汉森林从平凡迈向伟大的元年，
彼时英格兰主帅布莱恩·克拉夫就任球队主帅，他通过一系列变革，将诺丁汉森林改造成一支主打短传配合的球队。
此举在长传冲吊盛行的英格兰足坛颇为大胆。

不会改革的教练不是一个好教练！

升级！

英甲

英乙

1976/77 赛季，诺丁汉森林以
英乙季军的成绩晋级英甲，
时隔 5 年重新回到顶级联赛，
一支升班马球队在新赛季中能有多大能量？
通常情况下，
先考虑保级是比较现实的计划。

奇迹开始在 1977/78 赛季出现。
诺丁汉森林对阵当时的利物浦，
以黑马姿态不可思议地夺得当赛季英甲冠军。
诺丁汉森林用短短一年时间从次级联赛的第
3 名一跃变为英甲冠军。功劳归于主帅克拉夫，
以及球队对成功的无限渴望。
单看球队的人员班底，
人们甚至还在季前担心诺丁汉森林能否保级。
这就是足球的神奇魅力。

这位置让我
坐坐！

LIVERPOOL
FOOTBALL CLUB

从 1977 年 11 月至 1978 年 12 月，
诺丁汉森林参加的 42 场比赛的成绩以 21 胜 21 平的成绩保持不败。
这项纪录在 26 年之后才被温格的阿森纳以 49 场不败打破。

42场不败纪录

然而，诺丁汉森林的黑马奇迹并不是昙花一现，
1978/79 赛季的欧冠赛场，他们在更大舞台上扮演
"奇迹之师"的角色，不仅击败上赛季欧冠冠军利物浦，
还一路闯进决赛，最终以 1：0 的比分击败马尔默，捧得队史第一座欧冠奖杯！

呜呜呜……
呜呜呜……

次年，在欧冠 1979/80 赛季，
诺丁汉森林在决赛中击败当时德国
强队汉堡实现卫冕。
对手阵中拥有英格兰射手王、
2 届金球奖得主凯文基冈。

呜呜呜……

哎呀~不好意思~又拿了冠军~

即使诺丁汉森林在日后如流星划过夜空迅速陨落，
那一段黄金时代仍刻在历史中被人们所歌颂。
凭借 2 座欧冠奖杯、1 次英格兰顶级联赛冠军，
英格兰足坛的"小人物"赢得了全世界球迷的尊重。

唉……
想当年啊……

凯泽斯劳滕
神话

"诺丁汉森林神话" 20 年后，有一支德国球队复刻了升班马在联赛夺冠的壮举。凯泽斯劳滕——坐落于森林中的城市，孕育了德国足坛历史伟大的奇迹之一。

足球小贴士

升班马：是从赛马的分级别比赛引用来的，是指从低级别的组别上升到高级别的组别参加比赛的队伍。

德国足坛长期由拜仁慕尼黑称霸，即使凯泽斯劳滕于 1996 年夺得德国杯冠军，仍然没有人会相信这样一支名不见经传的球队能掀起什么大风浪。至少在这一年，凯泽斯劳滕的名字被反复提及还是因为过山车式的成绩。他们在夺得德国杯赛冠军的同一年排名德甲第 16 位，惨遭降级，一时竟不知该庆祝还是痛心。

我们都在呢~

树倒猢狲散，
降级球队流失主力球员是足球
世界的规律。
但凯泽斯劳滕的阵容却最大限
度得到了保留，
这是他们创造奇迹的原因之一。

主教练雷哈格尔执教
凯泽斯劳滕之前，已在德国足坛
声名远扬。1981—1995 年，
他在不莱梅创造了王朝时代，
并执教了德国最大俱乐部——
拜仁慕尼黑。雷哈格尔回到他球
员时代效力的凯泽斯劳滕执教，
目的是以最快速度领队重返德甲。

254

德乙冠军！

德甲

无论是教练还是球员配置，
凯泽斯劳滕在德乙征战都是绰绰有余，
雷哈格尔最大限度调配球队资源。
1997 年夏天，他们顺利以德乙冠军的
身份升级，领先第 2 名沃尔夫斯堡 10 分，
整个赛季只输了 4 场比赛。

1997/98 赛季，
重回德甲的第一场比赛，
雷哈格尔就率队爆冷击败上
赛季冠军拜仁慕尼黑，
成功在前东家面前证明解雇
自己是一个错误决定。

就问你有没有
一丝后悔？

WIN

FC BAYERN MUNCHEN

令拜仁慕尼黑没想到的是，
升班马凯泽斯劳滕在整个赛季里都压过他们一头。
两支球队的冠军竞争相当激烈，积分咬得很紧，
凯泽斯劳滕凭借攻势足球的打法一往无前，在接连取胜中
累积信心。

1998 年 5 月，凯泽斯劳滕竟然在德甲取得了与
德乙同样的成绩，19 胜 11 平 4 负，
提前 1 轮宣布夺得德甲冠军，拜仁慕尼黑则恰巧因为输掉与
竞争对手的首轮比赛，以 2 分劣势丢掉冠军。

凯泽斯劳滕是历史上第 2 支
以次级联赛冠军身份升级，
并于次年夺得顶级联赛冠军的球队。
令人惋惜的是，凯泽斯劳滕日后并未守住
江山。不过，他们以另一种方式名垂青史。
"凯泽斯劳滕神话"一词从此代表了
类似事迹。

这是凯泽斯
劳滕神话！

丹麦童话

"一位伟大的诗人才可以描述那个夏天的美妙童话。"说出这番话的是丹麦门将彼得·舒梅切尔，他是丹麦童话的缔造者之一。1992 年瑞典欧洲杯，丹麦创造了历史上极具浪漫主义色彩的一届大赛。

那个夏天……
真是太美好了……

1992 年的欧洲杯预选赛中，丹麦队获得递补资格。

入场券给你了。

丹麦

?

接到参加欧洲杯通知时，
丹麦主帅内尔森正准备装修自家厨房，
部分丹麦球员已经早早计划好享受夏天的假期，
全队上下集合不到两周时间备战。
没人认为这支队伍会有所作为，他们似乎连小组出线都成问题。

戏剧性的故事从小组赛就开始上演。
传统强队英格兰与法国皆小组出局，
预选赛里法国可是全胜出线。

丹麦小组赛首轮与英格兰以 0：0 的比分
战平，次轮以 0：1 的比分输给东道主瑞
典，末轮爆冷击败夺冠热门法国，
这才保住了出线资格。
这届欧洲杯是最后一届有 8 支队伍参赛。
丹麦出线后进入半决赛，
对手是另一支夺冠热门队伍荷兰。

拥有"三剑客"——古利特、范巴斯滕、
里杰卡尔德的荷兰不好对付，
他们在小组赛中曾以 3：1 的比分击败
1990 年世界杯冠军德国。

我们荷兰可不好对付！

丹麦前锋拉尔森超常发挥独中两元，
荷兰扳回两球将比赛拖入点球大战。
此刻效力于曼联的丹麦门将舒梅切尔挺身
而出，扑出范巴斯滕的关键点球。
这一扑被称作"20世纪后10年最伟大一
扑"，丹麦再次爆冷晋级，
决赛对手是传统劲旅德国。

德国从小组赛及半决赛的表现来看状态不佳。
丹麦抓住机会在决赛里打进2球，门将舒梅切尔多次扑出关键射门，
凭此次比赛晋升顶级门将行列。

我来守护我们家的球门！

丹麦最终以2：0的成绩击败德国，
夺得队史至今唯一一座欧洲杯冠军，
他们虽是最后一位赴宴，却带走了所有蛋糕，
一支递补的球队镌刻下一段意外的美丽童话。

EURO 92 CHAMPIONS

希腊神话

希腊在 2004 年以前仅参加过 2 届世界大赛：1980 年欧洲杯 3 场 1 胜，1994 年世界杯也只是匆匆过客。

上次大赛……
那是挺久的……

希腊

在无缘 2002 年世界杯后，
希腊足协痛彻心扉，聘请一位曾经创造过 "凯泽斯劳滕奇迹"
的主帅——时年 64 岁的德国老帅雷哈格尔。
姜还是老的辣，在雷哈格尔加入后，希腊在成绩上有质的飞跃，
以优良状态成功闯入 2004 年欧洲杯。

练起来！

希腊

"赢一场比赛是我们的目标……" 这就是希腊球员在那届
欧洲杯中的心态，即使进入正赛他们也不敢奢望太多。
这支球队没有任何一位球星，是欧洲足坛漫长的岁月里的
无名小卒，其与葡萄牙、西班牙分在同一小组，
甚至只希望不要输得太难看。

只要别输得太难看……能赢一场都是赚……

西班牙 葡萄牙 俄罗斯 希腊

2004 年欧洲杯在葡萄牙举办，

葡萄牙的球队波尔图刚在欧冠赛场捧杯，

上演黑马好戏，这些球员被称作"葡萄牙黄金一代"。

希腊竟然在揭幕战中以 2 : 1 的比分击败葡萄牙，

雷哈格尔与球员自己都不敢相信这个结果，保底目标完成了。

啊？我们就这样完成了保底目标？

葡萄牙 希腊 ?

希腊在小组赛第 2 场战平西班牙，

第 3 场输给此前一分未得的俄罗斯，

希腊队最后以 1 胜 1 平 1 负的成绩侥幸晋级淘汰赛。

积分榜

淘汰赛

小组赛

耶耶耶！我出线了！

希腊

然而，等待他们的对手是法国，
法国有齐达内、亨利等传奇球星。

他们可有好多
巨星！

法国

希腊

想要与如此强大的对手对抗，
除了防守等待机会以外没有其他办法。
雷哈格尔为希腊队打造了一套铁桶战术，
使法国狂攻无果。法国的球星们被希腊的后卫紧紧跟随。
最终希腊一粒进球，比分为 1∶0，法国被希腊击败。

？？

你去哪儿我就
去哪儿。

众星云集的法国被淘汰了，下一场对抗的是捷克，
希腊用同样的方式以 1∶0 的比分击败捷克。

我又用一球
晋级咯!

希腊

1 : 0

KO!

捷克

希腊在闯入决赛那一刻才意识到，
他们有希望能为国家带来史上唯一的大赛锦标。
决赛对手是东道主葡萄牙，比赛场地在本菲卡光明球场，
葡萄牙有着主场优势。决赛前，媒体讨论的话题大多是：
希腊消极的比赛风格、葡萄牙该以什么方式捧杯等。

我们葡萄牙能赢……一定能赢!

1.5 万名希腊球迷到现场支持球队，希望奇迹发生。
结果是希腊以 1 ：0 的比分获胜。
在这场欧洲杯中，希腊用 3 粒进球击败了对手，完成了逆袭。
希腊人民尽情享受夺冠庆典。

莱斯特奇迹

"莱斯特奇迹"过去 6 年后，媒体上依然存留着各种关于那段传奇的描述，震撼的场景仍恍如昨日，无数清晰的影像资料与访谈讲述着莱斯特城创造的奇迹。

足球小贴士

英超"Big6"分别是曼联、切尔西、热刺、利物浦、曼城与阿森纳。

莱斯特城并不是一支传统的英格兰强队，至少在奇迹发生前鲜有人知。2013 年，泰国新老板维猜成为主席 2 年后，莱斯特城差一点便能闯入英超，他们在附加赛中被沃特福德绝杀，不得不再卧薪尝胆 1 年。莱斯特城于 2014 年成功闯入英超。

Level up!

WATFORD

啊！我的入场券！

莱斯特城晋级英超后的第一赛季并没有发生凯泽斯劳滕或诺丁汉森林那样的传奇事迹。英超群雄割据，升班马想要留在这一竞争激烈的联赛中，必须孤注一掷。莱斯特城苦苦挣扎于降级区边缘，最后几轮比赛才取得胜利，得以留在英超。

好不容易上来了……
可……可不能掉下去……

次级联赛

2015/16 赛季，意大利老帅拉涅利上任，
人们亲切地称他为"补锅匠"，蓝狐的目标还是保级。
莱斯特城夺得英超冠军的概率非常小，
切尔西、曼联、阿森纳等强队才是冠军的争夺者。
因此，当莱斯特城在赛季初打出连胜战绩时，
被人们认为就是昙花一现。
英超赛程过半，阿森纳超过莱斯特城的
积分登顶榜首，即便后半程掉链子，
这支平民球队也在英超掀起了足够多的话题。
头号射手瓦尔迪是业余联赛球员出身，
队长中卫摩根 30 岁才踢顶级联赛，
混迹法国低级别联赛的坎特与马赫雷斯更是在英格兰足坛名不见经传。

然而，莱斯特城在短暂低迷后迅速重整旗鼓，
主帅拉涅利反复提醒球员，主要目标还是保级，
即使他们排名第一。

虽然我们第一，但
目标还是保级！踏
实一点！

球员当然清楚争冠目标太大，
阵中包括教练没人知道怎么做才能夺英超冠军。
而传统强队阿森纳与热刺在压力下逐渐掉队，
上赛季冠军切尔西的水平也突然断崖式下滑，甚至要为保级而战。

第一名名不见经传，
你压力大不大？

Arsenal

大！特别大！

最后，莱斯特城以 81 分夺得英超冠军，
一支平凡得不能再平凡的球队，重新诠释了足球激情的
本原，尤其是在金元当道、豪强垄断的英超。

夺冠庆典那天，

莱斯特城市的街道上挤满了人，

一座古老城市重新唤醒了关于繁华的记忆，

这全都归功于球队，以及球迷围巾上的那句：

"Making the impossible possible"（让不可能成为可能）。

球迷朝圣地——
球场

足 球 趣 味 科 普

球场发展史

位于英格兰谢菲尔德的桑迪盖特球场是世界上最古老的球场，这是吉尼斯世界纪录认定的。此球场于1860年12月26日举行世界上第一场俱乐部之间的比赛，哈勒姆FC对阵谢菲尔德FC。实际上这座球场于1804年就建成使用了，在被用于举行足球比赛之前用于举行板球比赛，这也是早期大多数足球场的真实写照——用途广泛。

认证
最古老球场
1804

早期大多数俱乐部均有多种项目，
如德国俱乐部慕尼黑于1860年成立，但直到1899年
才成立足球部，此前其大多数活动为田径与体操，
因此，绿茵场旁一圈跑道出于综合考虑而建设。

随着足球比赛现场观看的人数暴增，
球场四面修建看台，并在高度上加筑以增加人员容量。
英国许多百年球场，例如谢菲尔德联队的主场——
布拉莫巷球场，至今仍在举行职业联赛，
即使它如今看上去非常现代化，但其四面斜向的
加筑和看台上简单的封顶也体现了历史痕迹。

20 世纪 50 年代，泛光灯逐渐在足球场投入使用，
这为夜间进行足球比赛和刚兴起的电视转播提供了条件。
四周亮起泛光灯的足球场成为一座城市夜空下的标志性建筑。

哇哦！好亮！

足球运动始于工人的娱乐项目，观看球赛的条件最初较为简陋，
煤渣与土堆砌起来的斜坡就是看台，没有座位就站着看。

随着时代发展，球场不断扩建，
变得美观，"站席文化"被视为传统保留。
例如德甲多特蒙德著名的伊杜纳信号公园球场，
球门背后的南看台便是站席，那里是忠实球迷的
根据地，票价低廉，观感极佳。

1985 年海瑟尔惨案与 1989 年希尔斯堡惨案，
两起震惊世界的看台踩踏事件导致百余人死亡。
1990 年泰勒报告出台，站席被换成座席，
球场内安装监控以减少球场内发生的骚乱事件。

在政府资金的支持下，
陈旧、古老的英国球场得到修缮。在此之前，
球场使用的是踩上去嘎吱响的木质看台与摇摇欲坠的围栏，
厕所臭烘烘、肮脏不堪。

啊！好臭！好脏！

英超的成立加速了球场翻新的进程。
若要提高票价，
干净整洁的球场必不可少。
这时足球场才逐渐接近现代模样。

十大足球场

马拉卡纳球场

位于巴西里约热内卢，1950 年 6 月 16 日建成使用，

可容纳 20 万名观众，是世界上能容纳最多球迷的足球场。

这座足球场承载了足球王国巴西发展历史上诸多重大事件，

包括 1950 年世界杯令巴西人民痛心的"马拉卡纳惨案"和

1969 年贝利打进的职业生涯第 1000 球。

温布利球场

位于英国伦敦，1923 年建成，可容纳 10 万名观众，是英国地标性建筑。

2003 年，温布利球场在原址上拆除重建，2007 年完工投入使用。

1966 年英格兰世界杯，温布利球场作为决赛场地见证了英格兰历史上第一座金杯。

最古老的杯赛赛事——足总杯的决赛都会在温布利球场进行，

这里是英国足球最高荣誉圣殿。

老特拉福德球场

位于英国曼彻斯特，于 1910 年建成，2006 年扩建后可容纳约
7.6 万人，是曼联的主场，又被称为"梦剧场"。
老特拉福德球场令人惊叹之处在于其拥有百年以上的历史，
至今仍然保留了球场主体，不断通过扩建与翻新达到现代足球要求。
它也见证了曼联无数辉煌时刻，这样一座"历史古迹"未来仍能继续使用。

圣地亚哥·伯纳乌体育场

位于西班牙马德里，1947 年 12 月 14 日竣工，
可容纳约 8 万人，是皇马的主场。
其命名是为了纪念前皇马主席圣地亚哥·伯纳乌，
在他任期之内，皇马达到了顶级俱乐部的影响力。
2021 年圣地亚哥·伯纳乌体育场经过一次翻新后重新投入使用，
非常现代化，令人心驰神往。

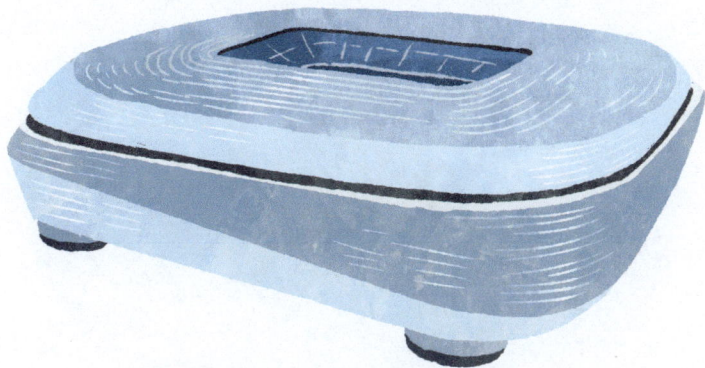

诺坎普球场

位于西班牙巴塞罗那，1957 年 9 月 24 日投入使用，

一直是西班牙巴萨的主场，可容纳约 10 万人。

诺坎普球场的建成象征着巴萨的崛起。

如今巴萨已誉满天下，在西班牙与皇马分庭抗礼，

这座球场与圣地亚哥·伯纳乌体育场一样，都是球迷去西班牙必须去的地点。

慕尼黑安联球场

位于德国巴伐利亚州慕尼黑，2005 年 5 月 31 日揭幕，

可容纳约 7.5 万人，是拜仁慕尼黑的主场。

相比欧洲那些古老、富有历史感的球场，慕尼黑安联球场

具有现代化与高科技设备。

这里承办了 2006 年德国世界杯的开幕，其外墙拥有夜间

发光功能，能变幻不同色彩，非常漂亮。

阿兹特克球场

位于墨西哥墨西哥城，1966 年 5 月 29 日投入使用，可容纳约 10 万人，
是墨西哥美洲队的主场。阿兹特克是古老印第安文明三大文明之一，
墨西哥政府以此命名意在文明精神的传承。这里曾举办过 2 届世界杯决赛，
并见证了 1970 年贝利率领巴西第 3 次捧得世界杯冠军，
以及 1986 年马拉多纳在英格兰与阿根廷的对决中上演上帝之手。

伊杜纳信号公园球场

又名威斯特法伦球场，位于德国北威州多特
蒙德市，1974 年由德国多特蒙德队入驻使用，
可容纳约 8.3 万人。这是欧洲"魔鬼球场"之一，
每逢比赛日看台都爆满，
长期保持赛季平均上座率的世界纪录。
其南面看台能容纳 2.5 万名球迷，
是欧洲最大一面单侧看台，并且全为站席。
比赛日看台掀起的黄色人浪与 Tifo 可以威慑
到客队。

足球小贴士

Tifo 是一个体育圈的专有名词，指可
覆盖看台的大型横幅或拼图，常常用
于重要比赛，是球迷标志对所属球队
支持的重要工具，也是威慑客队极佳
的视觉震撼武器。

糖果盒球场

位于阿根廷布宜诺斯艾利斯，是博卡青年足球俱乐部的主场，

于 1940 年启用，可容纳约 5.6 万人。

由于其外形酷似糖果盒，人们亲切地赋予其"糖果盒球场"的昵称。

贝利与马拉多纳都曾在这里进行过比赛，阿根廷足球文化在这里孕育。

朱塞佩·梅阿查球场

建于 1926 年，可容纳约 8 万人，位于意大利米兰市中心附近。

米兰市政府拥有其归属权，AC 米兰与国际米兰共用这座球场。

当 AC 米兰使用时，这座球场被习惯性地称为"圣西罗球场"，

那是球场原来的名字。朱塞佩·梅阿查是国际米兰的名将，

这座球场于 1980 年正式以此命名。这里见证了意大利足球辉煌的时代。

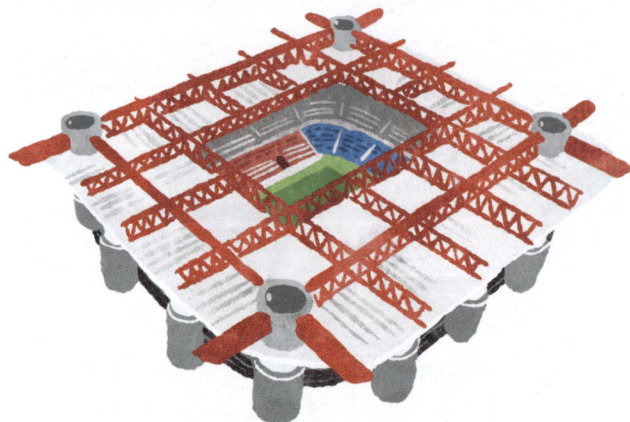

足球周边

足 球 趣 味 科 普

球的演变

鞠由皮革缝制而成，一个球的皮革的块数随年代而增加，宋代便出现与现代足球较为类似的十二片鞠。

四片鞠　　　八片鞠　　　十二片鞠

最早人们将猪膀胱塞满东西当作皮球，
外面缝制一层麋鹿皮，
这便是有迹可循的世界上最古老的足球，
现在博物馆展出。

硫化橡胶于 1836 年被发明后，
被用作足球的内胆材料。后来进一步出现了充气式橡胶内胆足球，
其外面缝制 8 块左右的牛皮革，球体的结构趋向稳定。
1930 年第一届世界杯，比赛用球的外形还不够规整，
球在运行的过程中很难保证匀速。
阿根廷与乌拉圭的决赛中，双方都带了自己缝制的
球进行比赛，裁判规定上下半场分别使用各自的球以示公正，
结果是阿根廷上半场用自己的球领先，
乌拉圭下半场用自己的球逆转。

上半场用我的!

阿根廷 乌拉圭

下半场用我的!

20 世纪 40 年代以前球的皮革较厚、吸水性强，因此比赛过程中皮球变沉，头球成为运动员比赛时脑部损伤的主要原因。

啊!

1950 年的世界杯，随着科技的飞速进步，比赛用球的表皮也更加轻薄，并且采用了更为先进的镶拼技术。

有点像排球呀。

1958 年以后，足球表皮采用防水皮革材料，表面由 18 块不规则多边形皮革缝制，逐渐接近现代足球的工艺。

这可是防水的皮革哦！

1970 年世界杯正式采用专用球。
阿迪达斯为这场盛会打造了著名的
"电视之星"，以纪念足球史上第一届
通过卫星向全世界电视转播的世界杯。
专用球的表皮有 32 块镶面，其经典的黑白
配色方便观众在电视里分辨。

1986 年世界杯，第一款由合成材料制成的
足球出现，吸水后球变重的问题不复存在。
此后足球以此形态小修小补，维持 20 年之久。

不会再吸水变重了！

2006 年世界杯，阿迪达斯的制球科技再次飞跃，
以往以 32 块皮革手工缝制皮球的传统被打破。
这款名为"团队之星"的比赛用球采取热黏合拼接技
术制成，仅有 14 块皮革，
足球的密闭性与防水性更好，
球体也接近完美的球状。

我可越来越圆啦！

2010 年世界杯比赛用球球皮
减少至 8 片，2014 年减少至 6 片，
球皮越少就意味着皮球越接近标准球形，
表面凹凸越少。
2018 年世界杯比赛用球甚至植入了芯片，
以实时监测球的运动。

我有"心"啦～

我要做最快的球！

2022 年卡塔尔世界杯的官方用球
采取了新的拼接技术，
由 20 块球皮拼接而成，
据说是为了打造史上运行速度
最快的足球。同时它也是第一款由水性
油墨和水基胶制成的世界杯用球，
注重环保。

穿球衣也能出街

篮球服的 Oversize 穿法与美国的街头文化融合，无论怎么穿搭，都能轻松体现潮流感，相比之下足球服就没那么容易穿出潮流感了。除去几大品牌用模板套的敷衍款式，一些球场上看着不错的足球服，穿着出街却莫名违和，也许是因为色调太过显眼，也许是广告过于杂乱。

2021/22 赛季意甲升班马威尼斯在赛季前大热，但并不是球队的成绩多么惊艳，而是意大利品牌卡帕为其定制的新赛季球衣，一经面世便吸引了很多人的注意。

这套球衣的上衣一改常态，
走高端路线，尽显优雅，
与威尼斯这座古城的历史气质相得益彰。
球衣隐去了胸前大片的赞助商广告，
队标也被改成更合整体观感的符号。

近几年巴黎圣日耳曼的球衣算是别出心裁，
设计师想方设法让球迷把球衣穿上大街，
他们和乔丹联名，设计了多个款式。

圣日耳曼球衣的潮流出街款都是独立推出，
以吸引年轻球迷。

我要潮流的。   我要传统的。

若按球衣时尚度排名，
意大利那不勒斯可得进入榜单。
那不勒斯这座浪漫与火山灰并存的艺术之都，
盛产衣着品位挑剔的球迷。
2021/22 赛季那不勒斯球衣的合作品牌变
更为 EA7，这个品牌隶属于时装品牌阿玛尼。
这是欧洲五大联赛球队第一次与
时装品牌合作。

EA7 的球衣款式丰富，除去主客场朴素的
3 套球衣之外，那不勒斯这赛季还推出了马拉多纳纪念款 4 套、
蓝色火焰 1 套，以及没怎么穿过的欧战版等球衣，
一个赛季接近 10 套球衣。

英国著名足球杂志《442》曾经盘点足球史上最漂亮的 50 件球衣，
其中很多都是孤品，大多数来自 20 世纪 70 至 90 年代。
这一时期正是意甲的鼎盛时期，对穿着极为考究的意大利人
引领了足球圈衣品。

LAZIO
(HOME)
1982-83

HOLLAND
(HOME)
1976

BOCA JUNIORS
(HOME)
1981

DENMARK
(HOME)
1986

这可都是我的珍藏。

现在这些都是
孤品了吧！

足球鞋的奥秘

第一双有史可查的足球鞋出现在 1526 年，它的主人是英国都铎王朝的亨利八世。

足球鞋被广泛使用在 19 世纪以后，
那时候足球鞋的表面材质以厚牛皮为主，
耐用性强，鞋尖包裹着包头，异常坚硬，
鞋底采用长条皮钉，踢球的效果很好。

20 世纪 50 年代足球鞋由高帮变为低帮，
皮底逐渐被胶底替代，皮面的材质改为更加舒适与柔和的袋鼠皮。

到了 21 世纪，新型的人造纤维取代天然皮革成为
足球鞋面料的主流，其优点在于更轻便，触感更好。

这鞋好轻便！

现在足球鞋比较流行的轻盈材质是织物面料，
包裹性与舒适性更好。就像穿布鞋的感觉，
高昂造价的织物面料能够营造出赤足踢球感。

像没穿球鞋一样~

2000 年以后球鞋功能出现类型细分，
分有速度、力量、控制 3 大类，
代表了不同球鞋系列的侧重面。

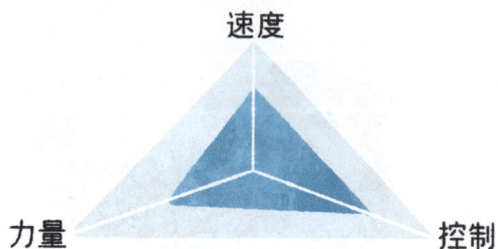

速度

力量

控制

专攻速度的球鞋款式在
减轻重量上下足了功夫。

专攻力量的球鞋款式则在鞋尖上下功夫。

射门区域

鞋钉是足球鞋重要的部件，
在不同的场地要穿不同长度鞋钉的球鞋。
IC 平底鞋适合室内塑胶场地。

TF 碎钉鞋适合偏短的人工草场地。

AG 钉鞋算是正式的人工草场地专用鞋。

FG 钉鞋是硬地天然草场地专用鞋。
大多数专业球员穿的都是 FG 钉鞋。

用钢钉打造的 SG 钉鞋常常在下雨天松软
的天然草地上穿。

当足球遇上音乐

2016/17 赛季莱斯特城奇迹般夺得英超冠军，在王权球场的颁奖开幕式上，主帅拉涅利站在球场中央搭建的舞台上，所有球员围成圈，周围花簇相拥，莱斯特城球迷持续地发出助威声。

突然拉涅利挥起手示意全场安静，
习惯了比赛喧闹的英格兰人显然不清楚接下来要做什么，
站在拉涅利旁的男人开始低唱，一段著名的旋律响起——
《今夜无人入眠》（"Nessum Dorma"）。
这位演唱者便是意大利国宝级男高音歌唱家安德烈·波切利。

球迷们仍无法停止吵闹，
歌剧名曲与球场仍略显违和，直至高潮，
安德烈·波切利猛然脱掉外面的西装，露出莱斯特城球衣，
嘹亮的歌声伴随着"黑夜消散，黎明得胜！"的歌词，
动人的歌声提醒着众人，今夜无人入眠！

黑夜消散，黎明得胜！

那一刻群情激昂，传统音乐与足球完美地结合在一起。
2020 年欧洲杯开幕式，他再次为球迷演唱了
《今夜无人入眠》（"Nessum Dorma"），依然震撼无比。

论及经典，1990 年意大利世界杯，
本纳托和南尼尼在朱佩塞·梅阿查球场演唱的那首《意大利之夏》，
（"Un'estate Italiana"）是酷暑中沁人心脾的旋律。无论何时听到这首歌，
思绪都会被拉回梦幻的 20 世纪 90 年代，想起那群热情洋溢的
意大利球迷，还有夏日里那一根老冰棍。

有一首歌，传唱度极高，

每年反复出现在最高领奖台，歌颂勇者终登巅峰的伟大，

它便是《我们是冠军》（"We Are The Champions"），

这首歌的创作者是皇后乐队主唱佛莱迪·摩克瑞。

这首歌最早何时用于足球比赛已无迹可查。

听说皇后乐队主唱佛莱迪·摩克瑞在听过利物浦球迷合唱

《你永远不会独行》（"You'll Never Walk Alone"）后，

决心创作一首用于足球比赛的大合唱。

后来这首歌被选为 1994 年美国世界杯的主题曲。

1977 年与《我们是冠军》（"We Are The Champions"）一同被创作出来的

《我们将震撼你》（"We Will Rock You"）同样是体育界的经典歌曲，

在比赛场上，谁能抵抗这两首传世经典的魅力呢？

球迷必看的有关足球的影视作品

影视作品是虚拟的艺术，足球是现实的艺术，二者结合让我们有机会去探知那遥远年代真实发生的传奇故事。

2016 年上映的《传奇的诞生》（*Pele: Birth Of A Legend*）便是这样一部作品，它讲述了贝利从贫民窟的穷小子变成国民英雄，成为"球王"的故事。电影的细节刻画较为写实，是一部了解贝利与足球的启蒙电影。贝利的故事只是足坛众多球星中有代表性的一个篇章。

292

2011 年的电影《曼联重生》（United）的
故事原型是 1958 年慕尼黑空难，
片中足球出镜的画面屈指可数，
主要讲述曼联的一群小伙子如何
在灾难中劫后余生，直面人生走出困境。
故事结构很简单，
观众即使不懂足球也会被感动，
会明白一个深刻的真理——永不放弃。

《足球英杰》（The English Game）是一部不错
的足球科普电视剧。
现代足球诞生之初，两个不同阶级的群体是怎样
通过足球打破隔阂与偏见，相互理解的？
足球之于人民有怎样的意义？
英国足球文化为何如此纯粹？
此片通过叙述一场 19 世纪的足总杯决赛，
以机器轰鸣的工业革命时代为背景，
回答了上述问题。

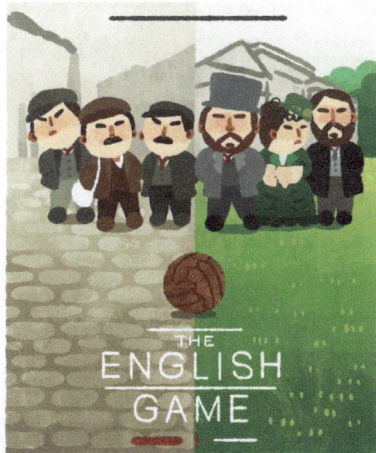

《一球成名》（Goal）讲述了球星的成长经历。
主角是拉丁裔，在贫民窟长大，
通过不断努力，最终一举成名加盟豪门球队。
影片里甚至有齐达内、贝克汉姆客串，值得一看。

作者简介

谭逸雄

新生代足球解说员、《南方都市报》特约体育评
论员、江苏卫视《足球解说大会》优秀选手、前
广州恒大队跟队记者。有近千场足球比赛解说经
验，解说欧洲五大联赛、欧冠超过 5 年，先后签
约乐视体育、PP 体育、优酷体育、咪咕体育等平台。

张晨雅

插画师，热衷讲故事和可爱的事物，现从事绘本创
作工作。